Carlo Westbrook

Windows Admin Center (WAC)

Zentrale Verwaltung von
Clients und Serversystemen im Netzwerk

CertPro® PRESS
an Imprint of CertPro® Limited

Bibliografische Informationen der Deutschen Nationalbibliothek

Die Deutsche Nationalbibliothek verzeichnet diese Publikation in der Deutschen Nationalbibliografie; detaillierte bibliografische Daten sind im Internet über *http://dnb.d-nb.de* abrufbar.

Kommentare und Fragen können Sie gerne an uns richten unter E-Mail:
info@certpro-press.de

Print-Ausgabe ISBN 978-3-9447-4937-2
ebook-Ausgabe: ISBN 978-3-9447-4938-9

Autor: Carlo Westbrook

Einbandgestaltung: CertPro® Limited
Bilder und Grafiken: CertPro® Limited
Herstellung: CertPro® Limited
Druck und Verarbeitung: BoD Books on Demand GmbH, 22848 Hamburg
Printed in Germany

Auf einen Blick

Website zum Buch

Buch+

Liebe Leserin, lieber Leser,

zu diesem Fachbuch bieten wir Ihnen zusätzliche Materialien, wie z. B. Zusatzdokumentation, sowie auch eine Übersicht der darin enthaltenen Weblinks, die Sie bei Bedarf gerne direkt aus unserer Verlagswebsite im Internet herunterladen können unter:

https://www.CertPro-Press.de/9372.html

Wichtiger Hinweis!

Die in diesem Fachbuch dargestellten Informationen beziehen sich auf das während der Entwicklung des Buches verfügbare Versionen des Windows Admin Center (WAC). Es ist nicht auszuschließend, dass Microsoft, wie man dies von Office 365 oft kennt, die Gestaltung der grafischen Benutzeroberfläche des Windows Admin Center (WAC) ohne vorherige Ankündigung ändert. Details hierzu findet man auf der Produktwebseite des Windows Admin Center (WAC) im Internet.

Inhalt

Typografische Konventionen

Um bestimmten Textpassagen dieses Buches etwas hervorzuheben, wurden die folgenden typografischen Konventionen verwendet:

Konvention	Bedeutung
`Befehl`	Stellt die Befehlssyntax oder auch Befehlsausführung von Kommandozeilen- oder Windows PowerShell-Befehlen dar.
Weiter	Kennzeichnet die Ausführung einer bestimmten Programmfunktion, beispielsweise den Mausklick auf eine Schaltfläche.
HINWEIS!	Weist auf einen allgemeinen Hinweis zu bestimmten Themenbereichen hin.
WICHTIG!	Gibt einen Hinweis auf wichtige Funktionen oder auch Situationen, die unbedingt beachtet werden sollten.
VORSICHT!	Kennzeichnet Informationen oder auch Situationen, die ein Risiko oder eine Bedrohung darstellen können.
PRAXISTIPP!	Kennzeichnet Tipps für die praktische Anwendung bzw. Umsetzung.
INTERNET!	Weist auf weitere Informationsquellen zu bestimmten Themenbereichen im Internet hin.

Der Autor

Carlo Westbrook ist seit weit über 30 Jahren u. a. als IT-Trainer, Systemingenieur, Senior Enterprise Consultant, Infrastrukturarchitekt sowie als Learning Consultant und Kursdesigner für technische Kurse & Workshops tätig. Als Fachautor publizierte er neben einer Vielzahl an Fachbüchern, sowie mittlerweile weit über 120 verschiedenen, technischen Kurs- und Workshop-Unterlagen für Teilnehmer und Trainer bereits auch vielzählige Fachbeiträge bei verschiedenen Verlagen, wie beispielsweise Addison-Wesley, CertPro-PRESS oder auch dem WEKA-Verlag.

Zu seinen Schwerpunkten zählen u. a. die Windows-Betriebssysteme, Active Directory, Windows PowerShell, Microsoft Exchange Server, Microsoft SharePoint Server, Microsoft Zertifikatdienste (PKI), die Microsoft System Center-, sowie Cloud- und Virtualisierungstechnologien und IT-Sicherheit. Neben dem Studium der Informatik hat er zwischenzeitlich auch eine Vielzahl an Herstellerzertifizierungen u.a. zum MCSA-Security, MCSE-Security, MCLC, MCTS, MCITP, zum Microsoft Certified Specialist sowie zum Microsoft Certified Solutions Expert (MCSE) erworben. Sein hohes Fachwissen setzt er im Rahmen unterschiedlichster, oft länderübergreifender IT-Projekte, wie zum Beispiel im Active Directory-Infrastruktur-(Re-)Design, verschiedenster Betriebssystem-Rollout-Projekte mit dem Microsoft System Center Configuration Manager (SCCM), Planung und Aufbau von Zertifikatdiensteinfrastrukturen (PKI), sowie beispielsweise - als ein von Mile 2 Security/USA zertifizierter Penetration Testing Specialist (CPTS) - auch zur Absicherung und Härtung vorhandener IT-Infrastrukturen für Unternehmen, Institutionen und Behörden kompetent ein.

Seit nunmehr über 21 Jahren als durchgehend zugelassener Microsoft Certified Trainer (MCT) vermittelt er die Inhalte der originalen, technischen und auch planungstechnischen Kurse des Microsoft Official Curriculum (MOC). Er bereitete dabei bereits viele Hunderte seiner Teilnehmer auf die Teilnahme an den vielzähligen, weltweit anerkannten Herstellerprüfungen von Microsoft, Mile2 und beispielsweise auch CompTIA vor.

Vorwort

Zwischenzeitlich stehen den verantwortlichen IT-Administratoren moderner Computernetzwerke gleich vielzählige Werkzeuge in Form von Managementkonsolen, webbasierten Grafikkonsolen, der Windows PowerShell und der dafür verfügbarer Module, sowie auch fast unzähligen Kommandozeilentools zur Hand, um die täglichen Verwaltungsaufgaben rund um die vorhandenen Computersysteme zu bewältigen.

Mit dem Windows Admin Center (WAC) geht Microsoft nunmehr einen klaren Weg, die für die Verwaltung von den in modernen Computernetzwerken eingesetzten Clientcomputer und Serversysteme gemeinsam und von einer zentralen Stelle aus verwalten zu können. Dieses neue Windows Admin Center (WAC), welches Microsoft zuvor noch während der vorangegangenen Entwicklungsphase als Projekt „Honolulu" bezeichnete, setzt auf einer webbasierten Grafikkonsole auf, bei der im Hintergrund Windows Management Instrumentation (WMI) und die Windows PowerShell zum Einsatz kommen. Die Besonderheit des WAC besteht aktuell in der Möglichkeit, dass man parallel zu Windows-Serversystemen auch Windows 10-Clientcomputer oder auch Failover-Cluster in der gleichen, grafischen Konsole verwalten kann.

Auch wenn das Windows Admin Center (WAC) in seiner aktuell veröffentlichten Version sicher noch lange nicht alle die in der täglichen Praxis notwendigen Verwaltungsmöglichkeiten bietet, so sollte man sich trotzdem bereits mit diesem neuen Werkzeug vertraut machen.

Dieses Fachbuch soll Ihnen die Bereitstellung, sowie auch den Einstieg in die Verwaltung mit dem Windows Admin Center (WAC) vereinfachen - wozu ich Ihnen meinerseits viel Erfolg wünsche.

Ihr

Carlo Westbrook

KAPITEL 1

Einführung und Überblick

Die Verwaltung von Server- und auch Clientsystemen findet in der täglichen Praxis mit verschiedensten Tools und auch Konsolen statt. Bei der Verwaltung von lokal eingesetzten Windows-Serversystemen verwendet man dabei oft den grafischen Server-Manager oder eine der vielzähligen Verwaltungskonsolen. Die Verwaltung der in der Microsoft Azure-Cloud vorhandenen Computersysteme erfolgt hingegen oftmals über die webbasierten Portalfenster mithilfe des Webbrowsers direkt in der Microsoft Cloud. Microsoft hat mit dem Projekt *„Honolulu“* die Entwicklung einer einheitlich verwendbaren, webbasierten Konsole vorangetrieben, die in dem *„Windows Admin Center“* (WAC) abgeschlossen wurde.

Projekt „Honolulu“ - endlich abgeschlossen

Mit dieser webbasierten, aus einem der damit kompatiblen Webbrowser heraus verwendbaren, grafischen Verwaltungskonsole ist es nicht nur möglich, Windows-basierte Serversysteme, sondern im Bedarfsfall auch Windows 10-Clientcomputer zu verwalten. Zusätzlich lässt sich diese Konsole neben der rein lokalen Verwaltung - ein gültiges, sowie in der Regel kostenpflichtiges Microsoft Azure-Abonnement vorausgesetzt - auch für die Verwaltung der in der Microsoft Azure-Cloud bereitgestellten Computersysteme verwenden.

1.1 WAC und die „kompatiblen Webbrowser“

Internet Explorer ist mit dem WAC nicht kompatibel

Der Internet Explorer von Microsoft zählt hier explizit nicht zu den mit der neuen Verwaltungskonsole „kompatiblen“ Browsern. Alternativ sollte man auf den Microsoft Edge- oder besser gar auf den Google Chrome-Browser zurückgreifen, um sich mit dem *Windows Admin Center* (WAC) verbinden und dieses für die Verwaltung von Computersystemen verwenden zu können. Die Anbindung an die Microsoft Azure-Cloud ist für die Verwaltung von Serversystemen mithilfe des *Windows Admin Center* (WAC) jedoch keine Voraussetzung, grundsätzlich im Rahmen der möglichen, hybriden Verwaltung von Computersystemen aber möglich.

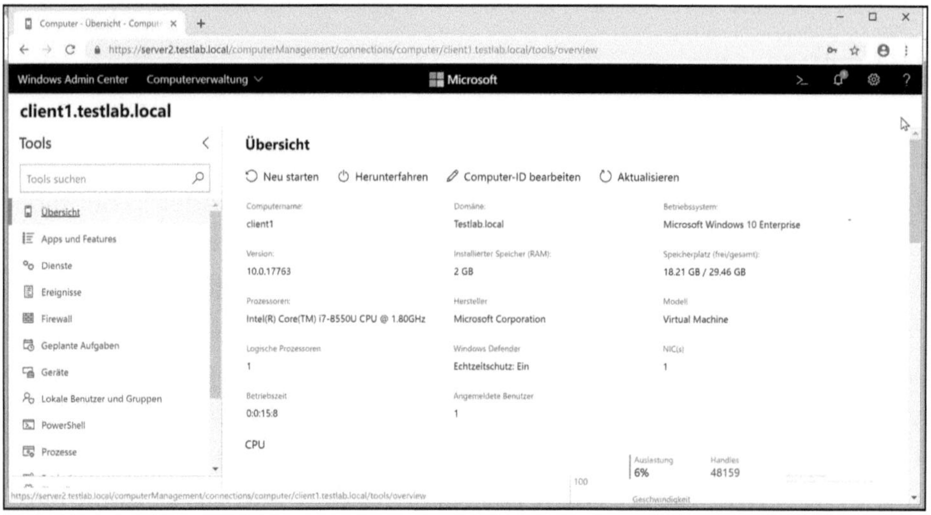

Abb. 1.1: *Verwaltung eines Clientcomputers unter Windows 10 im Windows Admin Center (WAC)*

PRAXISTIPP! Server- und Clientcomputersysteme lassen sich mit dem Windows Admin Center (WAC) im Bedarfsfall - völlig ohne die Verbindung zur Microsoft Azure-Cloud-Umgebung im Internet - auch nur „lokal“ verwalten. Hierzu kann man das Windows Admin Center (WAC) entweder im sogenannten „Desktop“-Modus auf einem Windows 10 Client lokal, oder aber im „Gateway“-Modus zur Remoteverwaltung auf einem Serversystem mit dem Serverbetriebssystem unter Windows Server 2019 oder Windows Server 2016 installieren.

Microsoft „kämpft" offensichtlich auch in der aktuellen Version der Verwaltungskonsole noch immer mit Kompatibilitätsproblemen zwischen dem eigenen Microsoft Edge-Browser und dem Windows Admin Center (WAC), was sich durch häufige Fehlermeldungen bei der Ausführung leider deutlich zeigt. Als einzig weitgehend fehlerfreie Alternative lässt sich aktuell der Google-Chrome-Browser für die Computerverwaltung mit dem Windows Admin Center (WAC) verwenden.

Empfohlen: Google Chrome-Browser

INTERNET! Hinweise auf die vorhandenen Kompatibilitätsprobleme mit dem Edge-Browser von Microsoft im Zusammenhang mit dem Windows Admin Center (WAC) findet man im Internet unter anderem auf der folgenden Webseite:

https://windowsserver.uservoice.com/forums/295071-management-tools/suggestions/33929671--bug-msft-sme-certificate-manager-failed-to-load

1.2 Vorteile des Windows Admin Center

Das Windows Admin Center (WAC) besitzt viele Vorteile, die sich die IT-Administratoren in den modernen Computernetzwerken zu Nutze machen können. Zu den Vorteilen des Windows Admin Center (WAC) zählen unter anderem:

- **Einfache Installation und Verwendung** - Die Installation des Windows Admin Center (WAC) lässt sich innerhalb weniger Minuten auf einem Computersystem mit Windows 10, oder auch als Windows Admin Center-Gateway auf einem Serversystem unter Windows Server 2016 oder Windows Server 2019 realisieren.

- **Vertraute Funktionen** - Das Windows Admin Center (WAC) gibt sich als Weiterentwicklung der bereits bekannten Microsoft Management-Konsolen (engl. *Microsoft Management Console, MMC*), mit denen die Windows-Server- und Clientbetriebssysteme bereits seit den frühen Zeiten von Windows NT verwaltet werden konnten. In Windows Admin Center sind viele Funktionen der oft vertrauten Verwaltungstools einbearbeitet.

- **Verwaltung von überall möglich** - Das Windows Admin Center (WAC) kann für den Zugriff aus dem lokalen Netzwerk, oder im Bedarfsfall sogar für den Zugriff aus dem Internet bereitgestellt werden, um auf sichere Weise den Zugriff auf die zu verwaltenden Server- und Clientcomputer zu ermöglichen. Das WAC bietet für den Verwaltungszugriff mit dem Webbrowser die SSL-Verschlüsselung mithilfe eines digitalen Zertifikats.

- **Azure-Integration** - Das Windows Admin Center (WAC) ermöglicht die einfache Integration von Azure-Diensten, wie zum Beispiel Azure Backup, Azure Site Recovery, oder auch Azure Active Directory.

- **Ergänzung vorhandener Lösungen** - Das Windows Admin Center (WAC) ergänzt die bereits vorhandenen Verwaltungstools und -lösungen, wie zum Beispiel die Remoteserver-Verwaltungstools (RSAT), die Microsoft System Center-Produkte, Microsoft Intune oder auch Azure Stack. Das WAC ist dabei nicht als „Ersatz" für vorhandene Verwaltungslösungen, sondern von Microsoft als reine „Ergänzung" gedacht.

- **Erweiterbarkeit** - Das Windows Admin Center lässt sich mithilfe des von Microsoft veröffentlichten SDK (Software Development Kit) problemlos auf die Lösungen von Drittanbietern erweitern. Dazu hat Microsoft bereits viele Hilfen und Details in den Webseiten rund um das Windows Admin Center (WAC) veröffentlicht. Es existieren bereits vielzählige Erweiterungen von Drittanbietern, die man oft kostenfrei direkt aus dem Internet herunterladen kann.

1.3 Einsatzmöglichkeiten

Kostenfreier Download - und auch völlig kostenfrei einsetzbar

Das grafische, webbasierte Windows Admin Center (WAC) wird in einem (damit kompatiblen) Webbrowser aufgerufen, und dient unter anderem der Möglichkeit der zentralen Verwaltung von Serversystemen unter Windows Server 2019, Windows Server 2016, Windows Server 2012 R2, Windows Server 2012, sowie auch Windows 10-Clientcomputern. Daneben lassen sich mit dem WAC auch vorhandene Failovercluster und -knoten, sowie auch verteilte Cluster (sog. *hyperkonvergente Cluster*) verwalten.

Die Installation des Windows Admin Center (WAC) findet hierbei entweder lokal auf einem vorhandenen Computersystem unter Windows 10 (im Desktop-Modus) oder unter Windows Server 2019 bzw. Windows Server 2016 (als Windows Admin Center Gateway) statt. Zum Einsatz im Rahmen der Verwaltungstätigkeiten kommen hierbei die Windows PowerShell sowie auch WMI (Windows Management Instrumentation) über WinRM (Windows Remote Management).

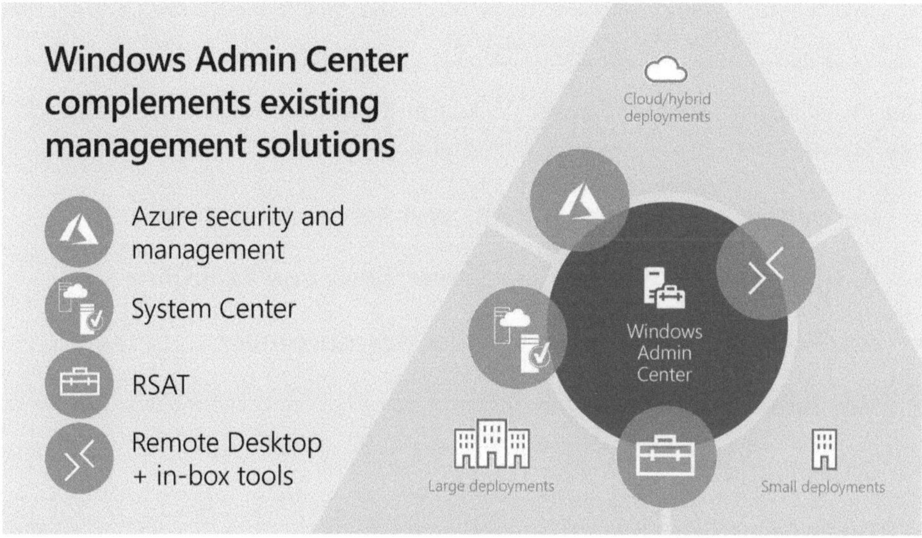

Abb. 1.2: Windows Admin Center (WAC) - Erweiterung vorhandener Verwaltungslösungen (Quelle: Microsoft Corporation)

Wenn man das auf einem Serversystem bereitgestellte Windows Admin Center Gateway (beispielsweise mithilfe der DNS-Namensauflösung) über die Unternehmensfirewall veröffentlicht, ermöglicht dies die Verbindung und auch die Verwaltung von Computersystemen mithilfe des Microsoft Edge- oder alternativ mithilfe des Google-Chrome-Browsers quasi von einem beliebigen Ort aus über das Internet.

Zugriff von überall aus auf das Windows Admin Center

1.3.1 Enthaltene Funktionen für die Server- und Clientverwaltung

Das Windows Admin Center (WAC) sieht sich als Ergänzung zu den bereits vorhandenen Verwaltungswerkzeugen, wie beispielsweise die Microsoft Management-Konsolen (engl. *Microsoft Management Console, MMC*).

HINWEIS! Die Verwaltung spezieller Serverrollen, wie zum Beispiel die Active Directory-Domänendienste (engl. *Active Directory Domain Services, AD DS*), DNS-, DHCP-Dienste oder auch die Webserverrolle (IIS) ist mit dem Windows Admin Center (WAC) aktuell noch nicht möglich.

Die im Windows Admin Center (WAC) enthaltenen, wichtigsten Funktionen für die Verwaltung umfassen dabei u. a.:

- **Verwalten von Geräten (Client- und Servercomputer)**
- **Aktivieren/Deaktivieren von Serverrollen und Funktionen**
- **Anzeigen von Ressourcen und der Ressourcenverwendung**
- **Verwaltung von Zertifikaten**
- **Datei-Explorer**
- **Ereignisanzeige**
- **Verwalten installierter Apps**
- **Konfiguration lokaler Benutzer und Gruppen**
- **Netzwerkeinstellungen**
- **Firewall-Verwaltung**
- **Anzeigen und Beenden von Prozessen**
- **Bearbeiten der Windows-Registry-Einstellungen**
- **Verwalten von geplanten Aufgaben**
- **Verwaltung von Windows-Diensten**
- **Verwalten von Hyper-V-VMs und virtuellen Switches**

- **Verwalten von Speicher, sowie auch Dateifreigaben**
- **Verwalten von Speicherreplikaten**
- **Verwaltung von Windows-Updates**
- **Windows PowerShell-Konsole**
- **Remotedesktop-Verbindung**

Darüber hinaus bietet das Windows Admin Center (WAC) auch noch die folgenden Verwaltungsmöglichkeiten:

- **Computerverwaltung** - zum Verwalten von Windows 10-Clientcomputern
- **Serververwaltung** - zum Verwalten von Windows-Servercomputern unter Windows Server 2019, Windows Server 2016, Windows Server 2012 (R2) und Windows Server 2012
- **Failovercluster-Manager** - für die Verwaltung von Failovercluster, Cluster-Knoten und Cluster-Ressourcen
- **Hyperkonvergente Cluster-Manager** - bietet Verwaltungs- und Überwachungsmöglichkeit für beispielsweise Direkte Speicherplätze (engl. *Direct StorageSpaces*) und Hyper-V.

Microsoft arbeitet daran, das Windows Admin Center (WAC) stets um weitere Verwaltungsmöglichkeiten zu bereichern. Diese werden dann in den zukünftigen Versionen des Windows Admin Center (WAC) enthalten sein.

Stetige Weiterentwicklung

HINWEIS! Microsoft kennzeichnet manche der im Windows Admin Center (WAC) enthaltenen Funktionen mit dem Begriff *„Vorschau!"*. Dies ist darauf zurückzuführen, dass sich einige der bereits im WAC enthaltenen Funktionen offensichtlich noch in der Entwicklungs- bzw. Erprobungsphase befinden. Microsoft sammelt hierzu noch Erkenntnisse in der Verwendung und wohl auch der Zuverlässigkeit der jeweiligen Funktionen. Die daraus gewonnenen Erkenntnisse fließen dann in die weitere Entwicklung mit ein.

1.3.2 Zugriffsrollen beim Einsatz als Gateway

Wenn das Windows Admin Center (WAC) in der Rolle als *Gateway* auf einem Serversystem unter Windows Server 2016 oder Windows Server 2019 bereitgestellt wird, so kann man den Zugriff auf die WAC-Verwaltungskonsole mithilfe bestimmter, im WAC vordefinierter Gateway-Zugriffsrollen steuern.

Es existieren die folgenden Gateway-Rollen für die Steuerung des Zugriffs auf das Windows Admin Center Gateway:

- **Gateway-Administratoren** - diese Rolle wird verwendet, um den Zugriff, sowie auch die Authentifizierungsoptionen für Gateway-Benutzer festzulegen. Lokale Administratoren auf dem Gateway-Computer gehören automatisch auch zur Gruppe der Gateway-Administratoren.
- **Gateway-Benutzer** - diese Rolle bietet die Möglichkeit, sich mit dem Windows Admin Center Gateway für die Verwaltung von Computersystemen zu verbinden. Gateway-Benutzer können die Einstellungen für die Zugriffsberechtigung, sowie auch die durch die Gateway-Administratoren fesgelegte Authentifizierungsmethode jedoch nicht verändern.

HINWEIS! Beachten Sie, dass durch die Zuweisung von Benutzern zur Gruppe der Gateway-Benutzer zwar der Zugriff auf das betreffene Windows Admin Center Gateway, nicht jedoch auch der Zugriff auf die zu verwaltenden Zielserver delegiert wird. Für die Verwaltung von Server- und Clientcomputern muss der betreffende Benutzer zusätzlich auch über die notwendigen Verwaltungsrechte auf dem zu verwaltenden System verfügen.

Die Details zur Zuordnung von Benutzern in die vorhandenen Zugriffsrollen sind im Kapitel 3 dieses Fachbuches enthalten.

1.3.3 Optionen für die Authentifizierung von Gateway-Benutzern

Die Gateway-Administratoren können beim Festlegen der Authentifzierungsmethoden für die Gateway-Benutzer wählen zwischen:

- **Active Directory- oder lokale Gruppen** - werden standardmäßig zum Steuern des Zugriffs auf das WAC-Gateway verwendet. Im WAC kann man auf der Registerkarte *„Benutzer"* festlegen, wer darauf als Gateway-Benutzer den Zugriff erhält.

> **WICHTIG!** Wenn man in dieser Registerkarte *„Benutzer"* im WAC keine Benutzergruppe angibt, erhalten standardmäßig alle Benutzer darauf Zugriff, welche die Gateway-URL aufrufen können. Dies wird erst mit dem Festlegen von einer oder mehrerer Sicherheitsgruppen beschränkt.

- **Azure Active Directory (Azure AD)** - kann für die Authentifizierung der Gateway-Benutzer verwendet werden, was jedoch ein - in der Regel kostenpflichtiges - Microsoft Azure-AD-Abonnement klar voraussetzt. Die Verwendung der Authentifizierung mittels Azure AD ermöglicht zusätzlich auch die Verwendung der darin enthaltenen Multifaktor-Authentifizierung oder auch des sogenannten *„bedingten Zugriffs"* (engl. *Conditional Access*).

> **HINWEIS!** Auch bei der Verwendung von Azure-AD für die Authentifizierung müssen die betreffenden Benutzer ebenso auch Mitglied der lokalen Verwaltungsgruppen auf den zu verwaltenden Computersystemen sein.

Die detaillierten Schritte zur Konfiguration der Authentifzierungsoptionen für Gateway-Benutzer werden im Kapitel 3 dieses Fachbuches noch vorgestellt.

1.3.4 Smartcard-Authentifizierung

Zusätzliche Sicherheit - aber aufwändig

Zur weiteren Absicherung des Zugriffs auf das Windows Admin Center (WAC) kann man zusätzlich auch die Smartcard-Authentifizierung erzwingen. Hierbei bestimmt man im WAC eine für die Authentifizierung notwendige, Smartcard-basierte Sicherheitsgruppe. Ein Benutzer kann anschließend nur noch auf den Windows Admin Center-Dienst zugreifen, wenn er neben den sonstigen Sicherheitsgruppen ebenso zwingend auch Mitglied dieser spezifischen, Smartcard-basierten Sicherheitsgruppe ist.

INTERNET! Weitere Informationen zur Smartcard-Authentifizierung in Verbindung mit dem Windows Admin Center (WAC) erhalten Sie im Internet unter:

https://docs.microsoft.com/de-de/windows-server/manage/windows-admin-center/configure/user-access-control#active-directory-or-local-machine-groups

1.3.5 Bedingter Zugriff und die mehrstufige Authentifizierung

Kombination möglich für mehr Sicherheit

Die Authentifizierung gegenüber dem Windows Admin Center-Gateway kann man mithilfe der in Azure AD verfügbaren, mehrstufigen Authentifizierung (engl. *Multi-Factor Authentication, MFA*) noch weiter absichern. Vorausgesetzt wird hier ein - in der Regel kostenpflichtiges - Abonnement der Microsoft Azure AD Premium-Edition. Zusätzlich lässt sich die Authentifizierung durch Richtlinien für den *„bedingten Zugriff"* (engl. *Conditional Access*) in Azure AD mit weiteren Faktoren, wie zum Beispiel der Zugehörigkeit bestimmter Sicherheitsgruppen definieren bzw. kombinieren.

INTERNET! Weitere Informationen zur Verwendung der mehrstufigen Authentifizierung und des „bedingten Zugriffs" (engl. Conditional Access) in Microsoft Azure AD erhalten Sie im Internet unter:

https://docs.microsoft.com/de-de/azure/active-directory/conditional-access/overview

1.3.6 Einmaliges Anmelden (SSO) konfigurieren

Wenn das Windows Admin Center (WAC) auf einem Clientcomputer unter Windows 10 installiert wird, so ist der Zugriff darauf mithilfe der Funktion des *einmaligen Anmeldens* (engl. *Single Sign-On, SSO*) bereits möglich. Bei diesem Vorgang werden die beim Anmelden an dem betreffenden Computersystem verwendeten Anmeldedaten im Arbeitsspeicher (RAM) des Computers zwischengespeichert, und gleichsam für den Zugriff auf das Windows Admin Center (WAC) verwendet. Wenn man das WAC jedoch im Gateway-Modus auf einem Serversystem unter Windows Server 2016 oder Windows Server 2019 installiert, so muss man das *einmalige Anmelden* (engl. *Single Sign-On, SSO*) für die Nutzung mit dem WAC zunächst einrichten. Hierzu verwendet man eine *Kerberos-Delegierung* (engl. *Constrained Delegation*) in der vorhandenen Active Directory-Domänendienste-Umgebung (engl. *Active Directory Domain Services, AD DS*), um den Gateway-Computer für alle die zu verwaltenden Computern als *vertrauenswürdig* zu konfigurieren.

Konfiguration nur im Gateway-Modus des WAC nötig

Die Details zur Konfiguration des *einmaligen Anmeldens* (engl. *Single Sign-On, SSO*) sind im Kapitel 3 dieses Handbuches detailliert aufgeführt.

HINWEIS! Weitere Details zur Kerberos-Delegierung (engl. *Constrained Delegation*) entnehmen Sie bitte der Windows-Hilfe rund um die Active Directory-Domänendienste (engl. *Active Directory Domain Services, AD DS*).

1.4 Rollenbasierte Zugriffssteuerung

Standardmäßig benötigt man für die Verwendung des Windows Admin Center (WAC) jeweils vollständige, lokale Administratorrechte auf den damit zu verwaltenden Computersystemen. Dies ermöglicht es, sich mittels einer Remoteverbindung auf den zu verwaltenden Computer aufzuschalten, und ihn seitens seiner Systemeinstellungen oder auch der womöglich vorhandenen Rollen, Rollendiensten und auch Features ganz nach Bedarf zu konfigurieren.

Kontrollierter Zugriff - dank JEA-Endpunkt

Wenn man bestimmten Benutzern zur Verwaltung bestimmter Einstellungen oder Rollen lediglich eingeschränkte Rechte zuweisen möchte, so kann man auf die *rollenbasierte Zugriffssteuerung* (engl. *Role Based Access Control, RBAC*) zurückgreifen. Mittels RBAC kann man den betreffenden Benutzern lediglich eingeschränkte, ganz auf ihre jeweilige Verwaltungsrolle hin ausgerichtete Verwaltungsrechte zuweisen. Dies geschieht mithilfe der Konfiguration eines *Just Enough Administration* (JEA)-Endpunktes auf jedem der zu verwaltenden Computersysteme mittels Windows PowerShell. Dieser Endpunkt definiert die Rollen, den Umfang der Verwaltungsmöglichkeiten der einzelnen Rollen, sowie auch die Zuweisung der Rollen an die einzelnen Benutzer.

Realisierung durch den Einsatz eines temporären Kontos

Bei der Verbindung mit einem zu verwaltenden Computersystems mittels Windows Admin Center (WAC) wird auf dem Zielcomputer geprüft, ob man dort bereits Mitglied der lokalen Sicherheitsgruppe der Administratoren ist. Wenn dies zutrifft, so erhält man uneingeschränkten Zugriff auf alle Ressourcen und Einstellungen auf dem betreffenden Computer. Wenn sich jedoch ein Benutzer mit einem zuvor dazu konfigurierten JEA-Endpunkt auf einem zu verwaltenden Computersystem verbindet, so wird dort ein temporäres, lokales Administratorkonto erstellt. Mithilfe dieses - auf die zugewiesene Rolle hin zugeschnittenen - temporären Administratorkontos findet dann auf dem betreffenden Computersystem die eigentliche Verwaltung statt. Dieses temporäre Konto wird automatisch wieder entfernt, sobald die Verwaltung seitens des delegierten Benutzers aus dem Windows Admin Center (WAC) beendet wird.

INTERNET! Details zur rollenbasierten Zugriffssteuerung (engl. *Role Based Access Control, RBAC*) findet man im Internet unter:

https://aka.ms/jeadocs

1.4.1 Verfügbare Rollen

Für die Verwendung der *rollenbasierten Zugriffssteuerung* (engl. *Role Based Access Control, RBAC*) stehen bestimmte Benutzerrollen zur Verfügung. Das Windows Admin Center (WAC) unterstützt in diesem Zusammenhang die folgenden Benutzerrollen:

Rollenbezeichnung	Verwendungszweck
Administratoren	Ermöglicht den delegierten Benutzern den Zugriff auf die meisten Features des Windows Admin Center (WAC), ohne dabei auch den Zugriff auf Remotedesktop oder Windows PowerShell zu gewähren. Diese Rolle eignet sich ideal für den Einsatz von sogenannten „Jump-Servern" (zentrale Verwaltungssysteme, auf denen man die notwendigen Verwaltungstools zentral im Netzwerk bereitstellt), mit deren Hilfe der direkte, unmittelbare Zugriff auf die zuverwaltenden Computersysteme eingeschränkt werden soll.
Leser	Ermöglicht lediglich den Lesezugriff auf die betreffenden Computersysteme, jedoch völlig ohne jegliche Änderungsrechte.
Hyper-V-Administratoren	Ermöglicht Benutzern die eingeschränkte Durchführung von Änderungen lediglich an Hyper-V-basierten, virtuellen Computern und Switches. Für andere Features besteht für diese Gruppe lediglich Leserecht.

Tab. 1.1: *Vom Windows Admin Center (WAC) unterstützte Rollen*

Für Benutzer, die sich mit lediglich „delegiertem" Zugriff auf Computersysteme aufschalten, gelten bei der Verwendung des Windows Admin Center (WAC) die folgenden Einschränkungen:

- **Windows PowerShell** - ist nicht verfügbar
- **Remotedesktop** - ist nicht verfügbar

- **Dateien** - Hoch- oder Herunterladen von Dateien ist nicht möglich
- **Speicherreplikat** (engl. *Storage Replica*) - ist nicht verfügbar

1.4.2 Vorbereiten der rollenbasierten Zugriffssteuerung

Delegierung der Verwaltung im Windows Admin Center

Für die Verwendung der temporären, lokalen Konten muss jeder der zu verwaltenden Computersysteme für die Unterstützung der *rollenbasierten Zugriffssteuerung* (engl. *Role Based Access Control, RBAC*) im Windows Admin Center (WAC) konfiguriert werden. Die hierzu notwendigen Konfigurationsschritte umfassen die Installation eines Windows PowerShell-Skripts, sowie die Bereitstellung eines *JEA* (*Just Enough Administration*)-Endpunktes unter der Verwendung der *Desired State Configuration* (*DSC*) in der Windows PowerShell.

Die Bereitstellung der rollenbasierten Zugriffssteuerung (RBAC) kann problemlos über die Seite *Rollenbasierte Zugriffskontrolle* im Windows Admin Center (WAC) auf den einzelnen, zu konfigrierenden Computersystemen erfolgen. Während dieses Vorgangs werden lokalen Sicherheitsgruppen auf den betreffenden Computersystemen zur Steuerung der jeweiligen Rollen erstellt. Diese, speziell auf die Verwendung mit dem Windows Admin Center (WAC) geschaffenen Sicherheitsgruppen verwendet das WAC im Hintergrund für die eigentliche Delegierung der Rollenberechtigungen.

Man kann einzelnen Benutzern oder auch Sicherheitsgruppen den Zugriff auf die betreffenden Computersysteme gewähren, indem man sie als Mitglieder zu den Sicherheitsgruppen der jeweiligen Rolle hinzufügt.

HINWEIS! Die notwendigen Schritte zur Konfiguration einzelner Computersysteme für die rollenbasierte Zugriffssteuerung (RBAC) mithilfe des Windows Admin Center (WAC) werden im Kapitel 3 dieses Fachbuches noch detailliert dargestellt.

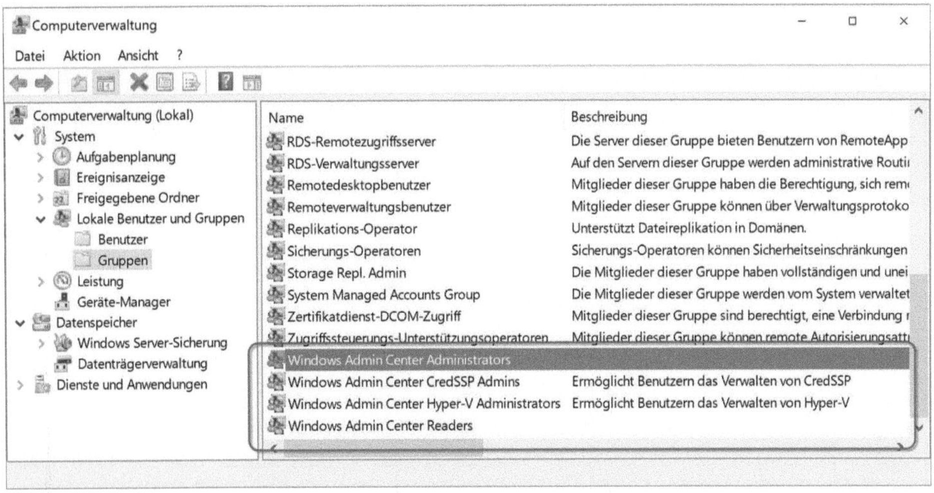

Abb. 1.3: *Vordefinierte Sicherheitsgruppen auf dem Windows Admin Center (WAC)-Computer*

Alternativ zu der Zuordnung der rollenbasierten Zugriffssteuerung (RBAC) auf einzelne Computersysteme kann dies im Bedarfsfall gleich auch unternehmensweit auf eine Vielzahl von Computersystemen erfolgen. Hierzu steht auf dem Windows Admin Center-Gateway ein Konfigurationsskript zum Download bereit. Dieses Skript kann beispielsweise mithilfe eines *Desired State Configuration-Pullservers*, der *Microsoft Azure-Automation* oder einem bevorzugten, zur Verteilung des Skripts geeigneten, eigenen Verwaltungstool erfolgen.

Konfigurationsskript auf dem WAC-Gateway verfügbar

HINWEIS! Weitere Details zur Verwendung des Konfigurationsskripts zur unternehmensweiten Vorbereitung der Computersysteme für die rollenbasierte Zugriffssteuerung (RBAC) sind im Kapitel 3 dieses Fachbuchs enthalten.

1.5 Optionen für die Azure-Integration

Das Windows Admin Center (WAC) verfügt über verschiedene Integrationsmöglichkeiten der Verwaltung, wie etwa Microsoft Azure Active Directory (Azure AD), Azure Backup, Azure Site Recovery, Azure-Updateverwaltung und vieles mehr.

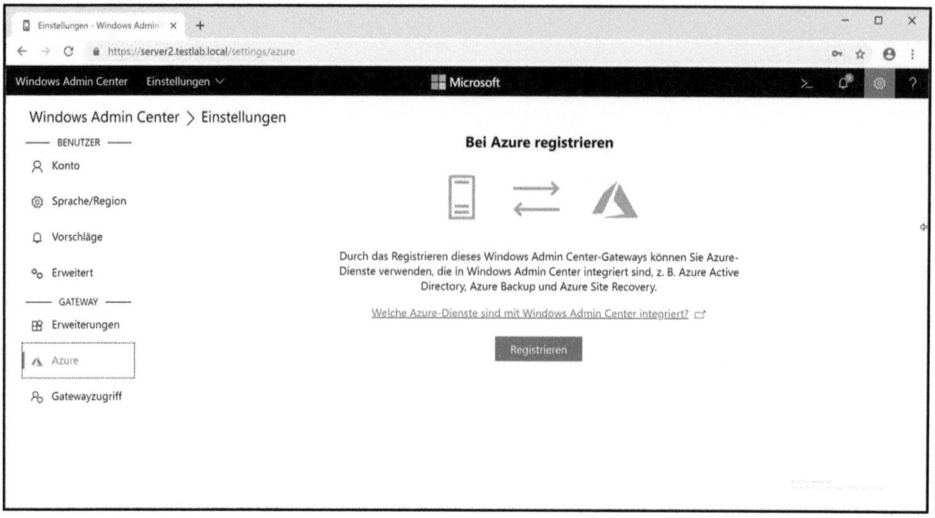

Abb. 1.4: *Integrationsmöglichkeit verschiedener Microsoft Azure-Dienste im Windows Admin Center (WAC)*

HINWEIS! Die Integration des Windows Admin Center (WAC) hinein in die Microsoft Azure-Cloud im Internet setzt grundsätzlich ein bestehendes - in der Regel auch kostenpflichtiges und gültiges - Abonnement voraus. Die dabei entstehenden Kosten sind abhängig von der individuellen Nutzung der vielzähligen Anwendungen und Funktionen, die Microsoft in der Azure-Cloud anbietet.

1.5.1 Microsoft Azure Active Directory (Azure AD)

Authentifizierung in der Microsoft-Cloud

Die Verwendung der Authentifizierung der Gateway-Benutzer gegenüber dem Windows Admin Center (WAC) mittels *Microsoft Azure Active Directory* (kurz: *Azure AD*) ermöglicht nicht nur die Authentifizierung von Benutzern direkt aus der Azure-Cloud, sondern u. a. auch die Verwendung zusätzlicher Sicherheitsfeatures, wie zum Beispiel den „bedingten Zugriff“ (engl. *Conditional Access*), sowie auch die Nutzung der Multifaktor-Authentifizierung.

1.5.2 Verwaltung von Azure-VMs

Mit dem Windows Admin Center (WAC) kann man die im lokalen Computernetzwerk vorhandenen Server- und Clientcomputer ebenso verwalten, wie auch die in der Microsoft Azure-Cloud bereitgestellten, virtuellen Computersysteme. Durch die Konfiguration des Windows Admin Center Gateway für die Verbindung zu *Azure VNet* lassen sich die in der Azure-Cloud Microsofts vorhandenen Computersysteme ebenso konsistent mitsamt aller der vom WAC unterstützten Verwaltungstools und -funktionen verwalten.

HINWEIS! Die notwendigen Schritte zur Konfiguration des Windows Admin Center (WAC) zur Integration in die Microsoft Azure-Cloud mithilfe eines Windows Admin Center Gateway sind im Kapitel 3 dieses Fachbuches bereits enthalten.

1.5.3 Schützen der Hyper-V-Computer mit Azure Site Recovery

Azure Site Recovery ist als ein in der Microsoft-Cloud verfügbarer Azure-Dienst darauf ausgelegt, die virtuellen Festplatten (engl. *Virtual Hard Disks, VHDs*) von lokal auf Hyper-V-Hostsystemen bereitgestellten, virtuellen Computern zum Zwecke der Ausfallsicherheit in ein Azure-Speicherkonto zu replizieren. Diese VMs können in Notfällen auf Microsoft Azure als Failover ausgeführt werden. Auch ein Test-Failover ist hier möglich, ohne die primären VMs hierbei zu beeinflussen.

Sicherung von virtuellen Festplatten in die Microsoft Azure-Cloud

Die notwendigen Konfigurationsschritte für die Verwendung von Azure Site Recovery in Verbindung mit Hyper-V findet man in der Hilfe von Microsoft Azure im Internet.

1.5.4 Zentrale Verwaltung von Updates mit Azure-Updateverwaltung

Das Windows Admin Center (WAC) ermöglicht die einfache Konfiguration für die Verwendung der Microsoft Azure-Updateverwaltung (engl. *Microsoft Azure Update Management)*, um so die vorhandenen Serversysteme nach Möglichkeit stets „aktuell" zu halten. Hierzu muss das Windows Admin Center Gateway zuvor in Microsoft Azure im Internet registriert werden.

Nur für Windows-Server-systeme nutzbar

HINWEIS! Das Update-Management in der Microsoft Azure-Cloud unterstützt aktuell Windows- und auch Linux-Servercomputer. Windows-Clientbetriebssysteme, sowie auch Nano-Server-Bereitstellungen unter Windows Server 2016 sowie auch unter Windows Server 2019 werden hierbei jedoch nicht unterstützt.

Die Details zur Konfiguration und Verwendung der Azure-Updateverwaltung mit dem Windows Admin Center (WAC) sind im Kapitel 5 dieses Fachbuches detailliert aufgeführt.

1.5.5 Microsoft Azure-Netzwerkadapter

Für die Realisierung hybrider oder standortübergreifender Lösungen

In den Einstellungen der *Tools* des Windows Admin Center (WAC) kann man im Abschnitt *Netzwerk* eine virtuelle Azure-Netzwerkkarte hinzufügen, um den lokalen Computer mittels einer *Punkt-zu-Punkt-VPN*-Verbindung sicher an *Azure Virtual Network* (*VNet*) anzuschließen. Ein *Azure Virtual Network* (*VNet*) ist eine logische Darstellung des eigenen Netzwerkes in der Microsoft Azure-Cloud. Diese *VNets* kann man optional mit anderen *VNets* in der Azure-Cloud oder mit der eigenen, lokalen IT-Infrastruktur verbinden, um auf diese Weise zum Beispiel hybride oder auch standortübergreifende (Infrastruktur-)Lösungen zu ermöglichen. Jedes VNet verfügt dabei über einen eigenen CIDR-Adressblock (*Classless Inter-Domain Routing*-Adressblock) und kann mit anderen VNets oder auch lokalen Netzwerken verbunden werden - solange sich die CIDR-Blöcke zueinander nicht überschneiden.

INTERNET! Details zum Einrichten und der Verwendung eines Azure-Netzwerkadapters (VNet) mit dem Windows Admin Center (WAC) findet man im Internet unter:

https://blogs.technet.microsoft.com/networking/2018/09/05/azurenetworkadapter/

Nach der Einführung in das Windows Admin Center (WAC) folgen nun im nächsten Kapitel die notwendigen Schritte zur Bereitstellung der grafischen, webbasierten Verwaltungskonsole.

KAPITEL 2

Bereitstellen des Windows Admin Center (WAC)

Das Windows Admin Center (WAC) wird von Microsoft zum kostenfreien Download im Internet angeboten. Auch der Einsatz des WAC ist - ob privat oder geschäftlich - völlig kostenfrei.

Einsatz ist völlig kostenfrei

INTERNET! Das Windows Admin Center (WAC) kann zur Installation auf einem Computersystem unter Windows 10, Windows Server 2019 oder auch Windows Server 2016 kostenfrei aus dem Internet heruntergeladen werden unter:

https://docs.microsoft.com/en-us/windows-server/manage/windows-admin-center/understand/windows-admin-center

2.1 Unterstützte Modi

Die Bereitstellung des Windows Admin Center (WAC) kann auf verschiedene Weisen erfolgen. Grundlegend wichtig für die Installation ist die Erkenntnis über die unterstützte Betriebssystemplattform für das WAC. Die Installation des Windows Admin Center (WAC) unterstützt dabei die folgenden Modi:

Lokaler oder Remotezugriff auf das WAC

- **Desktop-Modus** - Die Installation im Desktop-Modus erfolgt direkt auf einem Clientcomputer (quasi *„lokal"*), von dem aus die Verbindung und auch die Verwaltung der betreffenden, durch WAC unterstützten Windows-Serverbetriebssysteme durch den Remote-Zugriff erfolgen. Der Aufruf des Windows Admin Center (WAC) erfolgt ebenso lokal auf dem zur Installation des WAC ausgewählten Clientcomputersystem.
- **Gateway-Modus** - Bei der Installation im Gateway-Modus wird das Windows Admin Center (WAC) auf einem Serversystem installiert. Der Aufruf und auch der Zugriff auf das Windows Admin Center (WAC) erfolgt dabei in der Regel über das Computernetzwerk von einem andern Computersystem aus mithilfe eines der mit WAC kompatiblen Webbrowsern.

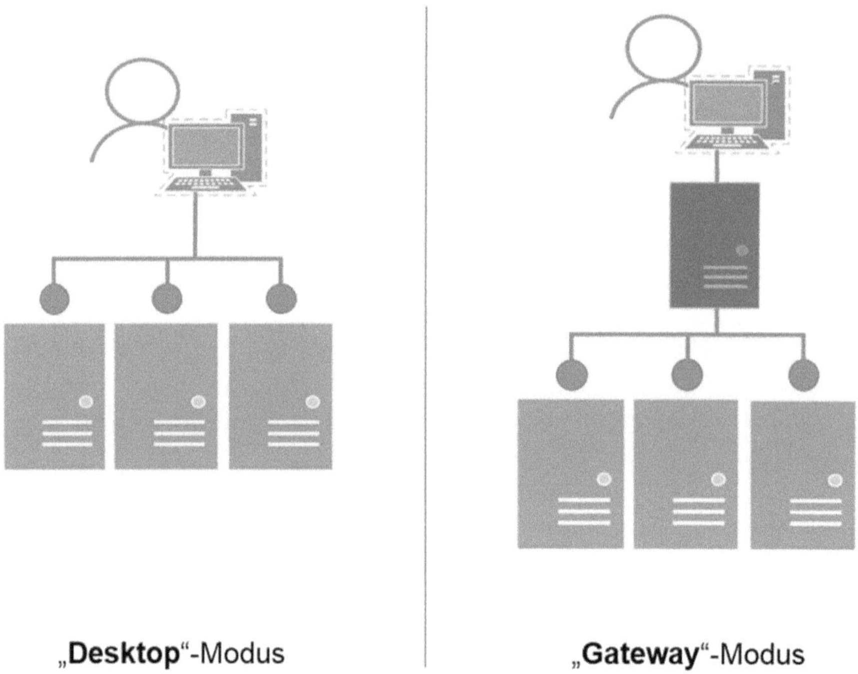

Abb. 2.1: *Unterstützte Bereitstellungsmodi des Windows Admin Center (WAC)*

2.2 Unterstützte Betriebssysteme

Noch vor der Bereitstellung des Windows Admin Center (WAC) muss man die Vorgaben durch den Hersteller in Bezug auf die Installation, sowie aber auch der für die mögliche Verwaltung mithilfe des WAC beachten.

2.2.1 Unterstützte Betriebssysteme für die Installation des WAC

Das Windows Admin Center (WAC) kann auf Computersystemen mit den folgenden Betriebssystemen installiert werden:

Betriebssystemversion	Installationstyp
Windows Server 2019	Gateway-Modus
Windows Server 2016	Gateway-Modus
Windows 10, Version 1709 und neuer	Desktop-Modus

Tab. 2.1: *Unterstützte Betriebssystemplattformen für die Installation des Windows Admin Center (WAC)*

2.2.2 Unterstützte Betriebssysteme für die Verwaltung mithilfe des WAC

Das Windows Admin Center (WAC) ist eine recht neue Entwicklung einer webbasierten, grafischen Verwaltungskonsole von Microsoft. Der Hersteller hat den Schwerpunkt der damit verwaltbaren Betriebssystemplattformen nach der eigenen Aktualität hin ausgerichtet. Ältere Windows-Betriebssystemplattformen, wie sie zum Großteil heute noch immer zum Einsatz kommen, standen bei der Entwicklung des WAC nicht im Fokus.

Keine Unterstützung älterer Betriebssysteme

Das Windows Admin Center (WAC) kann verwendet werden, um Computersysteme mit den folgenden Windows-Betriebssystemen zu verwalten:

Betriebssystem-version	Verwaltung der einzelnen Knoten über den Server-Manager	Verwaltung von Failover-Clustern mittels Failover-Cluster-Manager	Verwaltung von HCI-Clustern mithilfe des HCI-Cluster-Managers
Windows Server 2019	Ja	Ja	Ja
Windows Server 2016	Ja	Ja	Ja (mit dem aktuellsten, kumulativen Update)
Windows Server 2012 R2	Ja	Ja	Nicht verfügbar
Windows Server 2012	Ja	Ja	Nicht verfügbar
Windows Server 2008 R2 *	Ja, eingeschränkte Funktionalität	Nicht verfügbar	Nicht verfügbar
Windows 10, Version 1709 und neuer	Ja (über die Computerverwaltung)	Nicht verfügbar	Nicht verfügbar

Tab. 2.2: *Unterstützte Windows-Betriebssysteme für die Verwaltung mittels WAC*

* Das Windows Admin Center (WAC) setzt auf die Windows PowerShell-Unterstützung, sowie auf verschiedene Plattformtechnologien auf, die in Windows Server 2008 R2 (oder früher) noch nicht existierten. Deshalb wird die Verwaltung von Serversystemen unter Windows Server 2008 R2 im Windows Admin Center (WAC) von Microsoft offiziell nicht unterstützt.

2.3 Voraussetzungen für die Verwendung des WAC

WMF 5.1 oder höher

Das Windows Admin Center (WAC) erfordert bestimmte Windows PowerShell-Features, welche in Windows Server 2012 R2, Windows Server 2012, sowie auch in Windows Server 2008 R2 standardmäßig nicht enthalten sind. Wenn man Serversysteme, auf denen eines dieser Windows-Betriebssysteme installiert ist, verwalten möchte, so wird auf diesen betreffenden Computersystemen die Installation des Windows Management Framework (WMF) in der Version 5.1 oder höher vorausgesetzt.

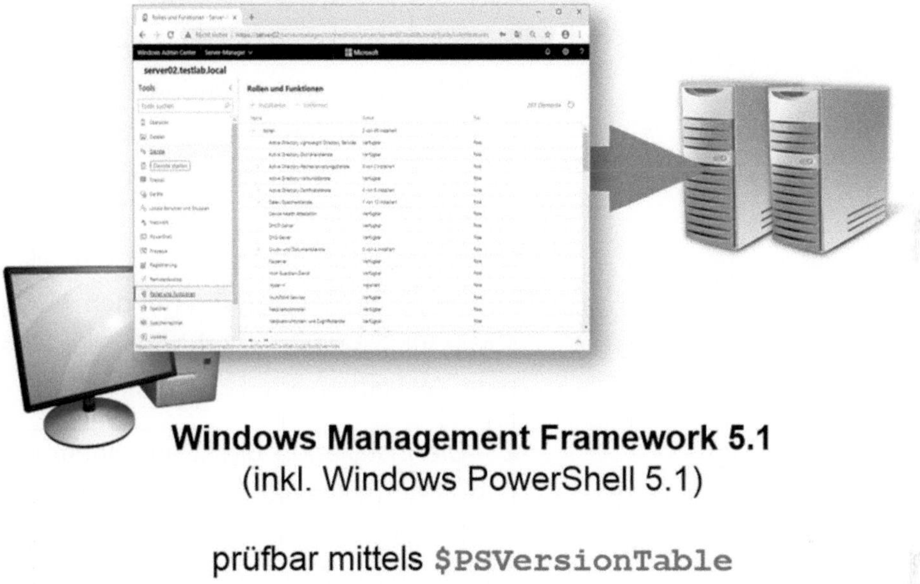

Abb. 2.2: *Voraussetzungen für das Windows Admin Center: WMF 5.1 (oder höher) - inklusive der entsprechenden Windows PowerShell-Version*

Um zu prüfen, ob das Windows Management Framework (WMF) in der Version 5.1 oder höher auf den mit dem Windows Admin Center (WAC) zu verwaltenden Computersystemen bereits installiert ist, kann man den folgenden Befehl in der Windows PowerShell verwenden:

```
$PSVersionTable
```

INTERNET! Sollte das Windows Management Framework (WMF) in der notwendigen Version 5.1 oder höher noch nicht installiert sein, so kann man dieses über die folgende Webadresse im Internet herunterladen und auf den betreffenden Serversystem installieren:

https://www.microsoft.com/en-us/download/details.aspx?id=54616

2.4 Bereitstellungsoptionen für das WAC

Das Windows Admin Center (WAC) kann auf verschiedene Weisen bereitgestellt werden. Die Bereitstellungsoptionen umfassen:

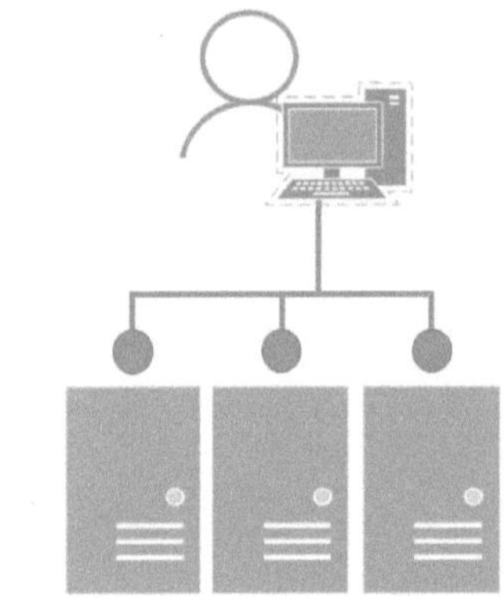

1 - Installation des Windows Admin Center (WAC) auf einem Windows 10-Clientcomputer, welcher über eine Verbindung zu den zu verwaltenden Server-Betriebssystemen verfügt. Diese Bereitstellungsoption ist ideal für einen schnellen Einstieg in die Verwaltung mit dem WAC, sowie für Testzwecke, Ad-hoc- oder kleinere Verwaltungsumgebungen.

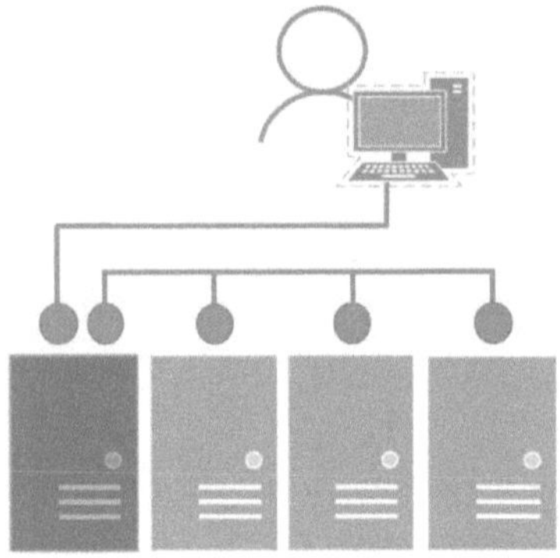

2 - Die Installation direkt auf einem mit dem WAC verwalteten Serversystem, beispielsweise für die eigene Verwaltung, oder auch für die Verwaltung eines Failover-Clusters, in welchem der Server als Clusterknoten integriert ist.

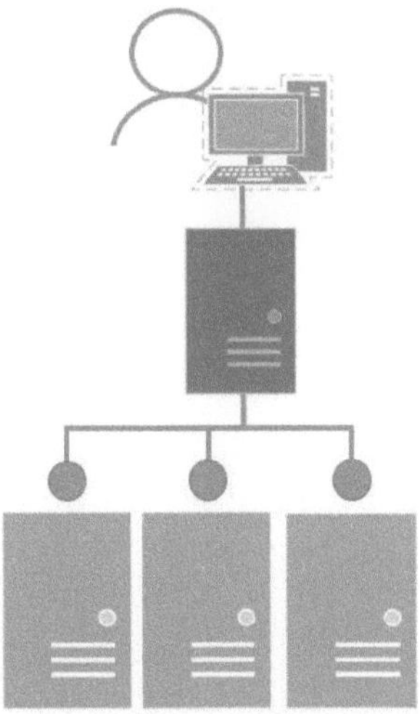

3 - Die Installation des Windows Admin Center (WAC) auf einem als Gateway-Server designierten Serversystem, auf das von einem beliebigen Clientcomputer im vorhandenen Computersystem aus mithilfe eines kompatiblen Webbrowsers für die Verwaltung von Serversystemen zugegriffen werden soll.

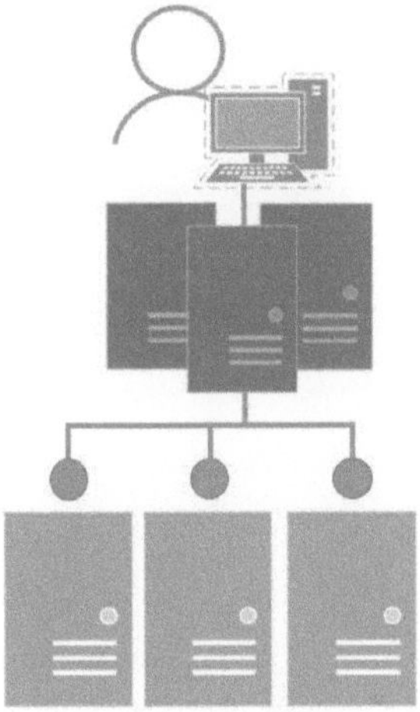

4 - Die Bereitstellung des Windows Admin Center (WAC) in einem Failover-Cluster für die hohe Verfügbarkeit des Gateway-Servers. Ideal für die produktive Umgebung von Unternehmen und Institutionen zur Sicherstellung der Verfügbarkeit von WAC für die Verwaltung vorhandener Computersysteme.

Tab. 2.3: *Bereitstellungsoptionen des Windows Admin Center (WAC) (Quelle: Microsoft Corporation)*

2.4.1 Bereitstellen des WAC mit hoher Verfügbarkeit (HA)

Wenn die Verwaltung der in einem Computernetzwerk vorhandenen Clientcomputer und Serversysteme zentral mithilfe des Windows Admin Center (WAC) realisiert werden soll, so muss dieses stets auch in jeder möglichen Situation nutzbar sein. Für diesen Zweck kann man sich der Möglichkeit der „hohen Verfügbarkeit" (engl. *High Availability*) bedienen. Ausfallsicherheit möglich

Das Windows Admin Center (WAC) kann durch die Installation innerhalb eines Aktiv-/Passiv-Failovercluster vor möglichen Ausfällen geschützt, und somit „hochverfügbar" bereitgestellt werden. Um dies zu erreichen, kann man das Windows Admin Center beispielsweise auf einem - bereits innerhalb eines Hyper-V-Cluster bereitgestellten - virtuellen Server installieren, von dem aus man dann mittels Remotezugriff die Verwaltung der vorhandenen Computersysteme im Netzwerk betreibt.

2.5 Installation des Windows Admin Center (WAC)

Die Installation des Windows Admin Center (WAC) kann, wie zuvor bereits erklärt, lokal auf einem Computersystem unter Windows 10, oder auf einem Serversystem unter Windows Server 2019 oder auch Windows Server 2016 erfolgen.

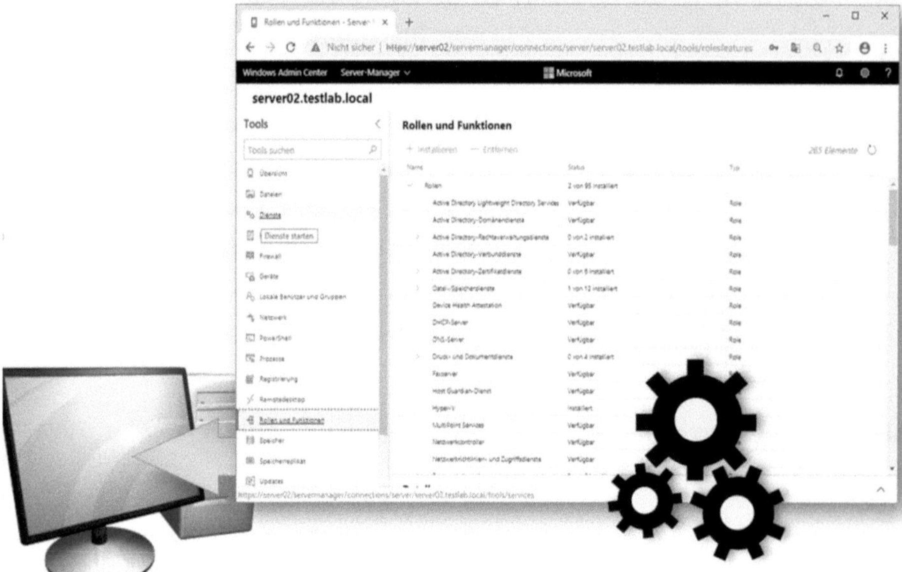

Abb. 2.7: *Installation des Windows Admin Center (WAC)*

2.5.1 Installation von WAC unter Windows 10

Die Installation des Windows Admin Center (WAC) auf einem Clientcomputer unter Windows 10 im *Desktop-Modus* erlaubt die netzwerkweite Verwaltung von Client- und Serversystemen von diesem betreffenden Computersystem aus. Im Gegensatz zur Installation im *Gateway*-Modus muss man sich zur Verwaltung der im Netzwerk eingesetzten Computersysteme lokal an dem betreffenden Verwaltungscomputer anmelden, auf dem das WAC zuvor installiert wurde.

Lokale Installation und Verwendung unter Windows 10 möglich

INTERNET! Das Windows Admin Center (WAC) steht im Internet auf der Website von Microsoft zum direkten Download bereit unter:

https://aka.ms/windowsadmincenter

Die Installation des Windows Admin Center (WAC) unter Windows 10 kann in einfachen Schritten erfolgen. Gehen Sie dazu wie folgt vor:

1. Soweit noch nicht geschehen, laden Sie die Installationsdatei für das Windows Admin Center (WAC) von der Website von Microsoft aus dem Internet auf den betreffenden Computer herunter.

2. Klicken Sie doppelt auf die *Installationsdatei* des WAC, und klicken Sie im Dialog der *Sicherheitswarnung* auf **Ausführen**, um die Installation zu starten.

3. Aktivieren Sie das *Kontrollkästchen*, um den Bedingungen der Lizenzvereinbarung zuzustimmen, und klicken Sie dann auf **Weiter**.

4. Wählen Sie im Dialog zur *Auswahl der Updatefunktionen* die gewünschte Einstellung, und klicken Sie dann auf **Weiter**.

5. Passen Sie im Bedarfsfall den standardmäßig für die spätere Verbindung zum Windows Admin Center (WAC) vorgeschlagenen Kommunikationsport (*standardmäßig Port 6516*) an, wählen Sie die übrigen Konfigurationsoptionen nach Bedarf, und klicken Sie dann auf **Installieren**.

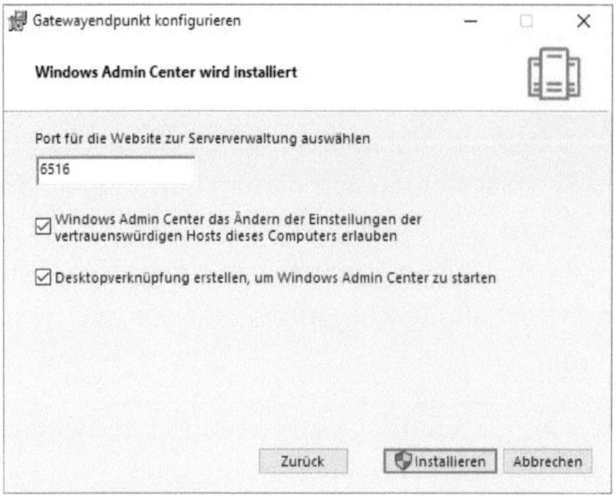

Abb. 2.8: *Anpassung der Bereitstellungsoptionen während der Installation des WAC*

6. Bestätigen Sie die Meldung der *Benutzerkontensteuerung* zur Installation des Windows Admin Center (WAC) mit einem Klick auf **Ja**.

   Die Installation des Windows Admin Center (WAC) wird durchgeführt.

7. Klicken Sie zum Abschluss der Installation auf **Fertig stellen**.

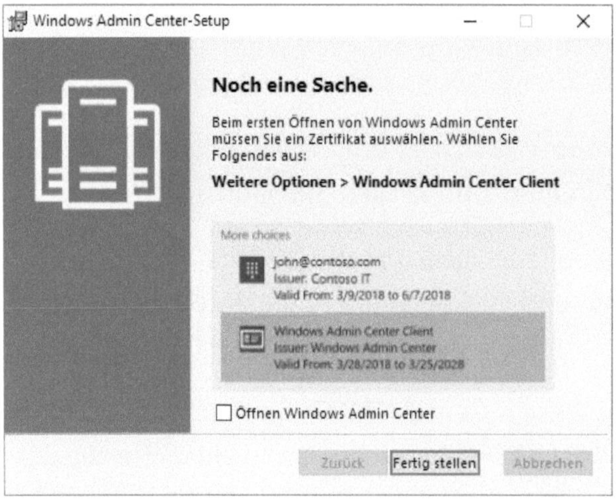

Abb. 2.9: *Hinweis auf die Auswahl eines digitalen Zertifikats zum Ende der Installation des Windows Admin Center (WAC)*

HINWEIS! Beachten Sie zum Abschluss der Installation, dass gleich zu Beginn der Nutzung des *Windows Admin Center* (WAC) ein digitales SSL-Zertifikat für den Windows Admin Center Client ausgewählt werden muss. Dieses wird für die Absicherung der Datenkommunikation vom Webbrowser zum WAC verwendet.

2.5.2 Installation von WAC auf Serversystemen unter Windows Server 2019 oder Windows Server 2016

Zentrale Bereitstellung des Windows Admin Center (WAC)

Alternativ zur lokalen Installation des *Windows Admin Center* (WAC) im *Desktop-Modus* auf einem Clientcomputer unter Windows 10 für die Verwaltung von Client- und Serversystemen, kann man dieses im *Gateway-Modus* auf einem der vorhandenen Serversysteme unter Windows Server 2019 oder auch Windows Server 2016 installieren. Der Vorteil dieser Installationsart liegt darin, dass man sich im Anschluss von einem beliebigen Computersystem im Netzwerk mithilfe eines kompatiblen Webbrowsers auf das Windows Admin Center (WAC) aufschalten, und dieses für die netzwerkweite Verwaltung von Computersystemen verwenden kann.

PRAXISTIPP! Der Gateway-Modus erspart die mitunter gleich mehrfache, lokale Installation des Windows Admin Center (WAC), wenn für die Verwaltung nicht nur ein einzelnes, sondern gleich auch mehrere Computersysteme verwendet werden, von denen aus die Verwaltung der vorhandenen Clientcomputer und Serversysteme im Netzwerk erfolgen soll.

2.5.2.1 Installation des Windows Admin Center unter Windows Server 2019

Unter Windows Server 2019 hat Microsoft im darin enthaltenen, grafischen Server-Manager eine entsprechende Meldung eingebaut, die auf die Möglichkeit der Verwaltung des betreffenden Serversystems mit dem Windows Admin Center (WAC) hinweist.

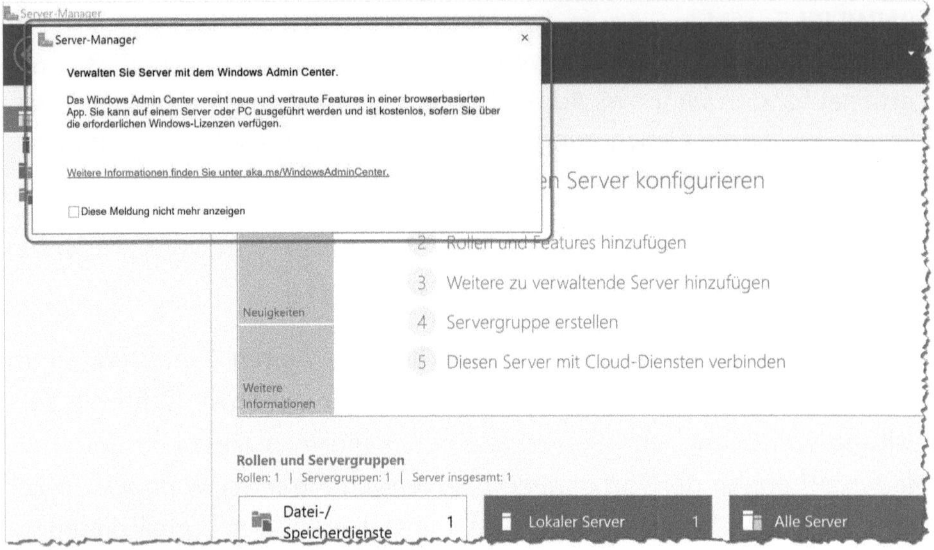

Abb 2.10: *Hinweis auf das Windows Admin Center im grafischen Server-Manager unter Windows Server 2019*

Das Windows Admin Center (WAC) kann dann gleich durch einen Klick auf den in der Meldung enthaltenen *Link* aus dem Internet auf das betreffende Serversystem heruntergeladen und installiert werden.

PRAXISTIPP! Beachten Sie, dass der grafische Server-Manager unter Windows Server 2019 den Download von Inhalten mit dem integrierten Webbrowser nicht zulässt. Hierzu muss man im grafischen Server-Manager unter *Lokaler Server* zunächst die *„verstärkte Sicherheitskonfiguration in IE"* ausschalten. Anschließend kann man den Download des WAC auch direkt auf dem Serversystem unter Windows Server 2019 vornehmen. Es empfiehlt sich, die *„verstärkte Sicherheitskonfiguration in IE"* im Anschluss auf jeden Fall wieder einzuschalten, um gegen mögliche Angriffe aus dem Internet gewappnet zu sein.

Gehen Sie wie folgt vor, um das Windows Admin Center (WAC) auf einem Serversystem mit der grafischen Benutzeroberfläche unter Windows Server 2019 zu installieren:

1. Melden Sie sich am Serversystem unter Windows Server 2019 (als *Installation mit grafischer Benutzeroberfläche*) als *Administrator* an.

2. Starten Sie, wenn dies nicht automatisch geschieht, den grafischen *Server-Manager* über einen Klick auf **Start**, und dann auf die entsprechende ***Kachel*** im *Startmenü*. Die Meldung zur Verwaltungsmöglichkeit mit dem Windows Admin Center wird automatisch angezeigt.

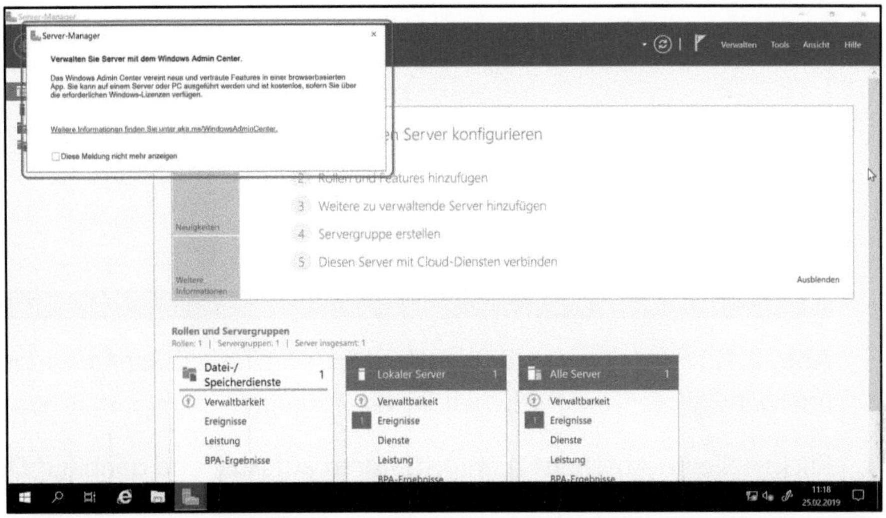

Abb. 2.11: *Möglichkeit zum Download des Windows Admin Center (WAC) im grafischen Server-Manager unter Windows Server 2019*

3. Wechseln Sie im grafischen *Server-Manager* in den Abschnitt **Lokaler Server**, und klicken Sie dann im rechten Fensterausschnitt neben „*Verstärkte Sicherheitskonfiguration für IE*" auf **Ein**.

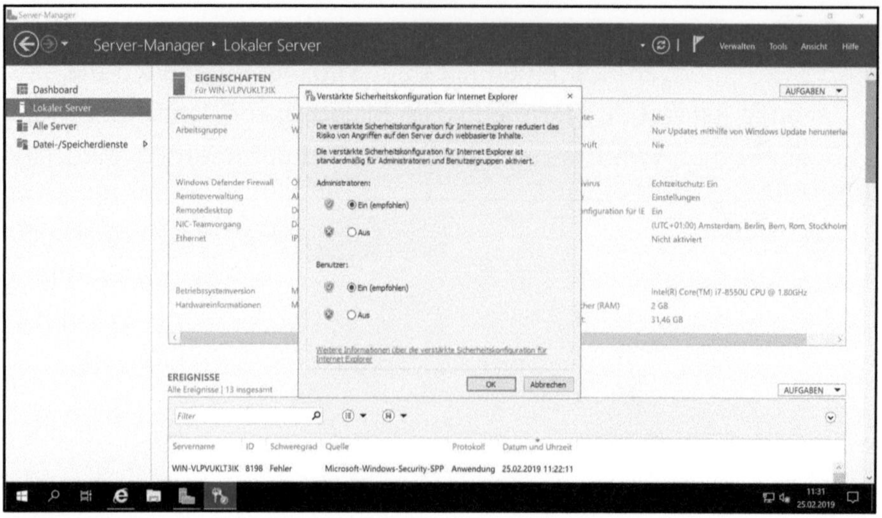

Abb. 2.12: *Einstellungen für die „Verstärkte Sicherheitskonfiguration für Internet Explorer" im grafischen Server-Manager*

4. Klicken Sie im Abschnitt *Administratoren* auf **Aus**, und dann auf **OK**.
5. Wechseln Sie zurück zur *Meldung* des Server-Managers zur Verwaltung mit dem Windows Admin Center.
6. Klicken Sie auf den in der Meldung angegebenen *Link* zum Wechsel auf die Download-Website von Microsoft für das Windows Admin Center.
7. Klicken Sie auf den darin angegebenen *Weblink* zum *Download* der gewünschten Version des Windows Admin Center (beispielsweise *Version1809.5*).

Abb. 2.13: *Download-Möglichkeit für das WAC*

8. Klicken Sie im Webbrowser im *unteren Fensterabschnitt* nun auf **Ausführen**, um mit der Installation des Windows Admin Center (WAC) zu beginnen.

9. Aktivieren Sie das *Kontrollkästchen*, um den Bedingungen der Lizenzvereinbarung zuzustimmen, und klicken Sie dann auf **Weiter**.

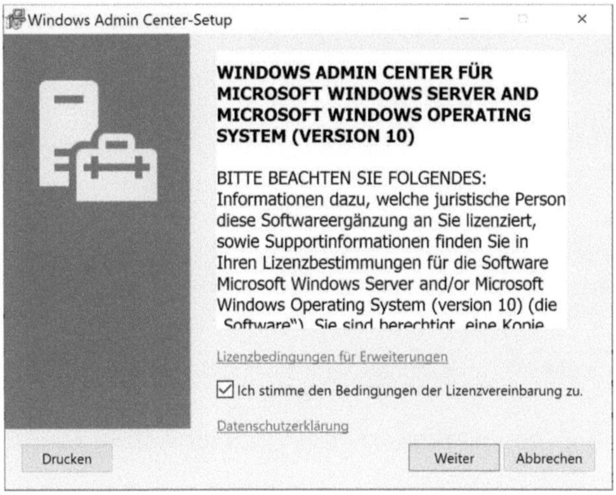

Abb. 2.14: *Lizenzvereinbarungen des WAC*

10. Wählen Sie im Dialog zur *Auswahl der Updatefunktionen* die gewünschte Einstellung, und klicken Sie dann auf **Weiter**.

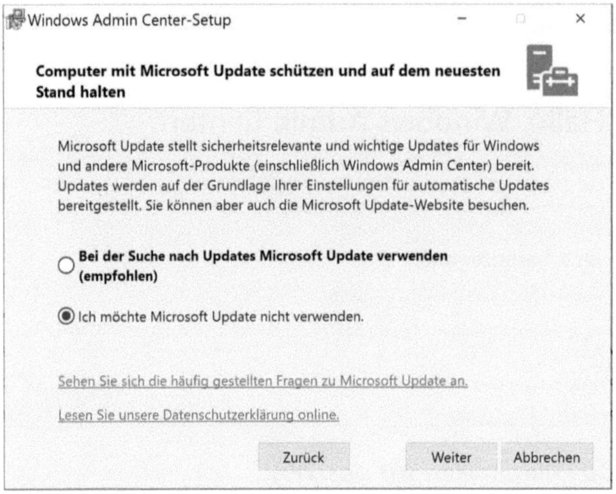

Abb. 2.15: *Update-Optionen für das WAC während der Installation*

11. Klicken Sie im Dialog zur *Konfiguration des Gatewayendpunkts* auf **Weiter**.

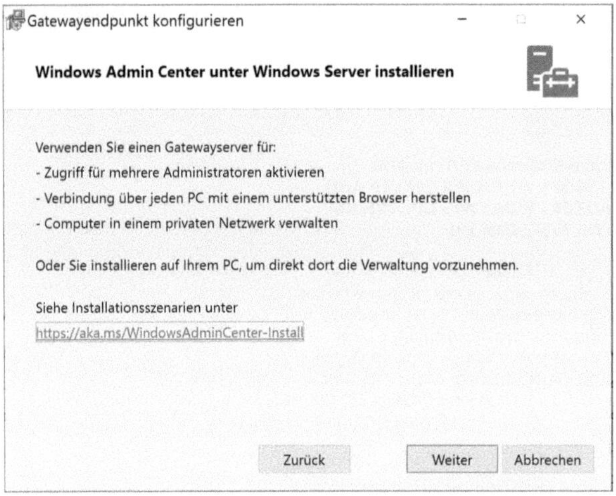

Abb. 2.16: *Hinweis auf die Installation des Windows Admin Center im Gateway-Modus*

12. Ermöglichen Sie dem Windows Admin Center das Ändern der Einstellungen der *Liste der vertrauenswürdigen Hosts* (engl. *Trusted Host List*) des betreffenden Computersystems unter Windows Server 2019, und klicken Sie anschließend auf **Weiter**.

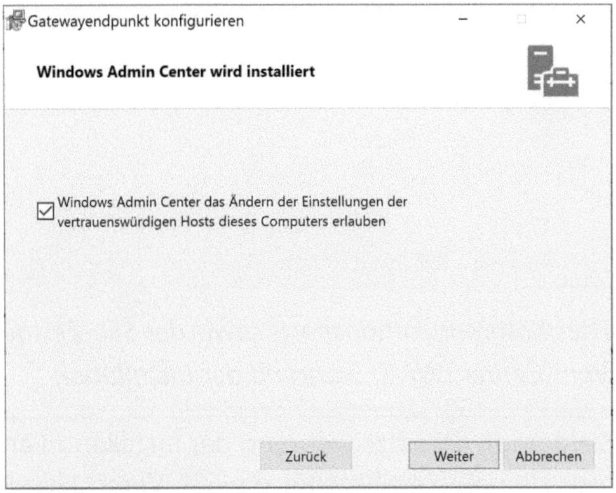

Abb. 2.17: *Einstellungen für die Liste der vertrauenswürdigen Hosts*

13. Passen Sie im Bedarfsfall den standardmäßig für die Verbindung mit dem Windows Admin Center (WAC) vorgeschlagenen *Kommunikationsport* (*standardmäßig Port 443*) an. Wählen Sie, ob ein selbstsigniertes oder alternativ ein bereits auf dem Server vorhandenes, digitales Zertifikat für die spätere Datenverschlüsselung mittels SSL (Secure Socket Layer) verwendet werden soll, und aktivieren Sie bei Bedarf die *Umleitung des HTTP-Datenverkehrs zu HTTPS*. Klicken Sie anschließend auf **Installieren**.

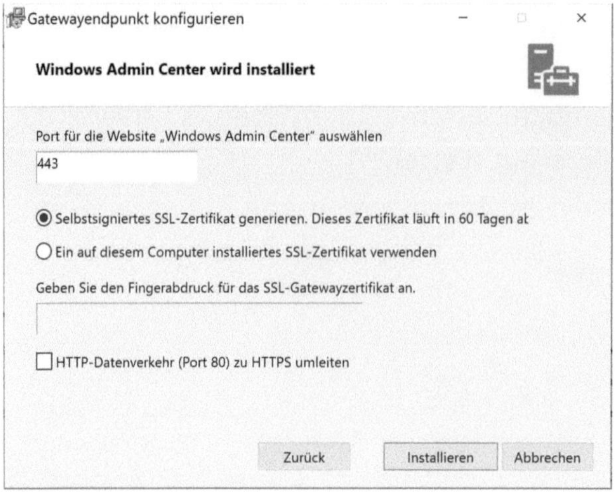

Abb. 2.18: *Auswahl des Kommunikationsports sowie des SSL-Zertifikats für das Windows Admin Center (WAC) während der Installation*

HINWEIS! Achten Sie darauf, dass das während der Installation angebotene, selbstsignierte, digitale Zertifikat für die SSL-Verschlüsselung nur für 60 Tage gültig ist. Dies kann zu einem späteren Zeitpunkt jederzeit durch ein alternatives, digitales SSL-Zertifikat ausgetauscht werden. Details hierzu findet man im Kapitel 5 dieses Fachbuches.

14. Die Installation wird durchgeführt. Im Anschluss besteht die Möglichkeit, das Windows Admin Center (WAC) mithilfe eines „kompatiblen" Internet-Browsers aufzurufen.

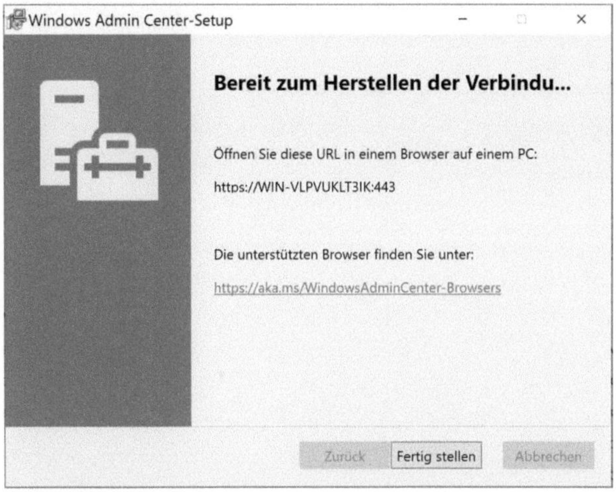

Abb.2.19 *Hinweis zum Aufruf des WAC*

15. Klicken Sie zum Schließen des Dialogfensters auf **Fertig stellen**.

    Nach der erfolgreichen Installation kann man sich mit einem der kompatiblen Internet-Browser auf das Windows Admin Center (WAC) aufschalten. Der URL dazu wird in dem Dialog entsprechend angezeigt.

Unter Windows Server 2019, wie zuvor auch unter Windows Server 2016, steht nach der Betriebssysteminstallation des Serverbetriebssystems zunächst nur der Internet Explorer (IE) von Microsoft als Webbrowser zur Verfügung.

Fehler beim Verbindungsversuch mit dem Internet Explorer

Der Verbindungsversuch unter Windows Server 2019 mit dem - selbst von Microsoft bereits abgekündigten - Internet Explorer zum Windows Admin Center (WAC) führt zu einer Fehlermeldung, in welcher man auf die Verwendung eines mit dem WAC *„kompatiblen"* Webbrowsers hin aufgefordert wird. Es empfiehlt sich, den aktuellsten Google Chrome-Webbrowser für den Zugriff auf das Windows Admin Center (WAC) zu verwenden.

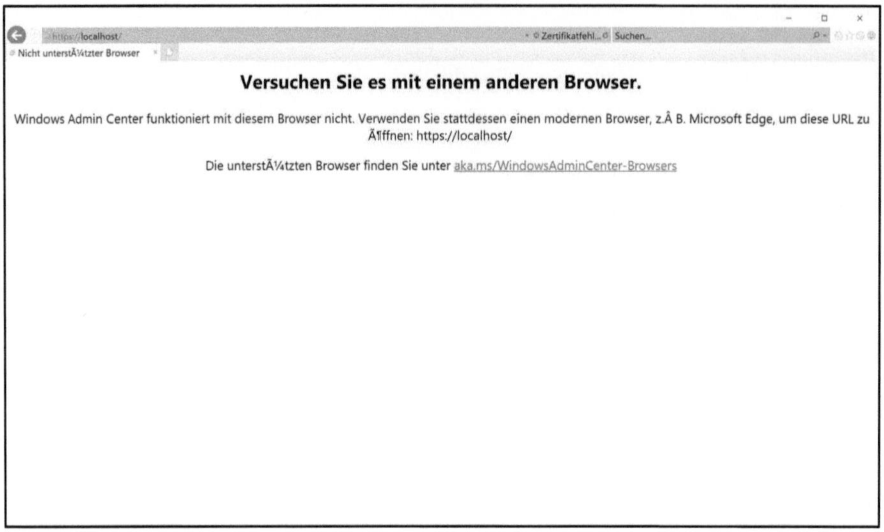

Abb. 2.20: *Aufruf des zuvor installierten Windows Admin Center (WAC) mit dem auf einem Serversystem unter Windows Server 2019 standardmäßig vorhandenen Internet Explorer*

Eine Liste der für die Verwendung des Windows Admin Center (WAC) unterstützten Webbrowser erhält man über den in der Fehlermeldung angegebenen Internet-Weblink. Details zu den mit dem Windows Admin Center (WAC) kompatiblen Webbrowsern finden sich im Kapitel 1 dieses Fachbuches.

2.5.2.2 Installation des Windows Admin Center unter Windows Server 2016

Die Installation des Windows Admin Center (WAC) unter Windows Server 2016 erfolgt sinngemäß gleichermaßen, wie auch unter Windows Server 2019, jedoch wird im darin enthaltenen, grafischen Server-Manager noch nicht auf die Möglichkeit des Downloads, sowie auch der Verwaltung von Computersystemen mithilfe des WAC hingewiesen.

Die Installation des Windows Admin Center (WAC) unter Windows Server 2016 kann in einfachen Schritten erfolgen. Gehen Sie dazu wie folgt vor:

1. Soweit noch nicht geschehen, laden Sie die *Installationsdatei* für das Windows Admin Center (WAC) von der Website von Microsoft aus dem Internet auf den betreffenden Computer herunter.

INTERNET! Das Windows Admin Center steht im Internet zum direkten Download bereit unter:

https://aka.ms/windowsadmincenter

2. Aktivieren Sie das *Kontrollkästchen*, um den Bedingungen der Lizenzvereinbarung zuzustimmen, und klicken Sie dann auf **Weiter**.

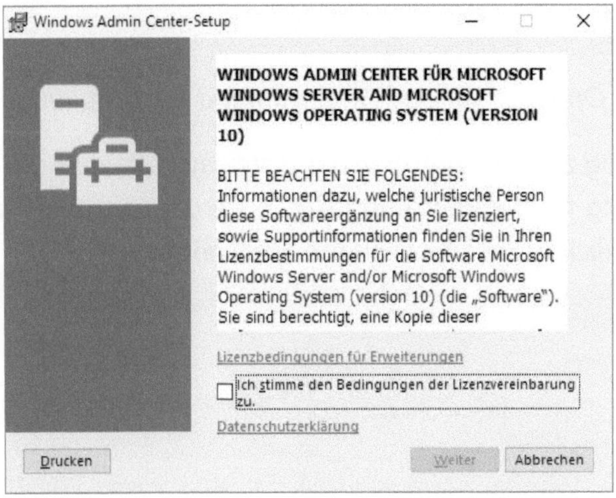

Abb. 2.21: *Lizenzvereinbarungen des WAC*

3. Wählen Sie im Dialog zur *Auswahl der Updatefunktionen* die gewünschte Einstellung, und klicken Sie dann auf **Weiter**.

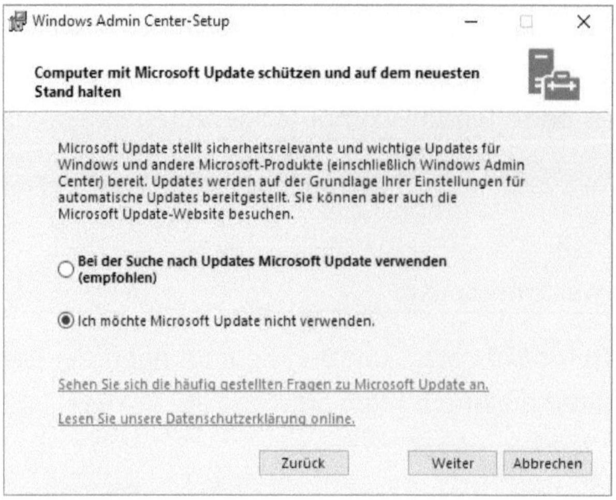

Abb. 2.22: *Update-Optionen für das WAC während der Installation*

4. Wählen Sie im Dialog zur *Konfiguration des Gatewayendpunkts* die gewünschte Einstellung für die Vewaltung der „Liste der vertrauenswürdigen Hosts", und klicken Sie anschließend auf **Weiter**.

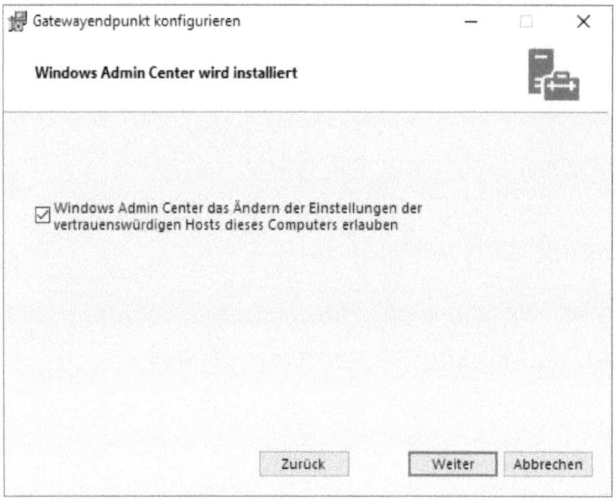

Abb. 2.23: *Einstellungen für die Liste der vertrauenswürdigen Hosts*

5. Passen Sie im Bedarfsfall den standardmäßig für die Verbindung mit dem Windows Admin Center (WAC) vorgeschlagenen Kommunikationsport (*standardmäßig Port 443*) an.

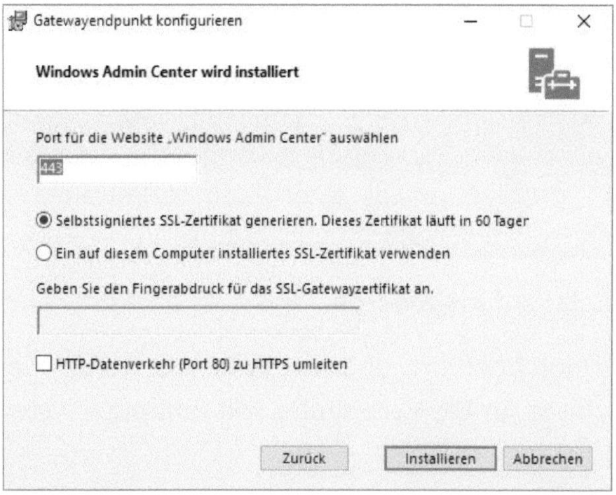

Abb. 2.24: *Auswahl des Kommunikationsports sowie des SSL-Zertifikats für das Windows Admin Center (WAC) während der Installation*

6. Wählen Sie aus, ob ein selbst signiertes SSL-Zertifikat gleich während der Installation des Windows Admin Center (WAC) generiert werden soll. Alternativ kann man in diesem Dialog auch den Thumbprint (Fingerabdruck) eines zuvor ausgestellten, und auf dem betreffenden Computer bereits gespeicherten SSL-Zertifikates für die sichere Verbindung mit dem WAC über einen der kompatiblen Webbrowser angeben.

   Automatische Umleitung von HTTP auf HTTPS möglich

   Im Bedarfsfall kann man die automatische Umleitung von HTTP-Datenverkehr von Port 80 zu HTTPS in diesem Dialog ebenso festlegen.

HINWEIS! Zu beachten ist hier unbedingt, dass das selbstsignierte Zertifikat, welches während des Installationsprozesses des Windows Admin Center (WAC) generiert und in die Konfiguration eingebunden werden kann, lediglich eine Laufzeit von 60 Tagen besitzt. Das betreffende Zertifikat muss für die dauerhafte Nutzung des Windows Admin Center (WAC) - und für die sichere Verbindung mit diesem über einen der kompatiblen Webbrowser - zu einem späteren Zeitpunkt durch ein gesondert ausgestelltes, digitales SSL-Zertifikat ausgetauscht werden.

> Die notwendigen Schritte zum späteren Austausch des selbst signierten, digitalen SSL-Zertifikats durch ein alternatives, digitales SSL-Zertifikat mit längerer Laufzeit sind im Kapitel 5 dieses Fachbuches detailliert erklärt. Dieses alternative SSL-Zertifikat kann - für die rein „interne" Verwendung - problemlos aus einer internen PKI ausgestellt sein, und muss nicht erst käuflich erworben werden.

7. Klicken Sie anschließend auf **Installieren**.

   Die Installation wird durchgeführt, und das Windows Admin Center (WAC) steht im Anschluss für die Verwaltung von Computersystemen bereit.

8. Klicken Sie zum Abschluss der Installation auf **Fertig stellen**.

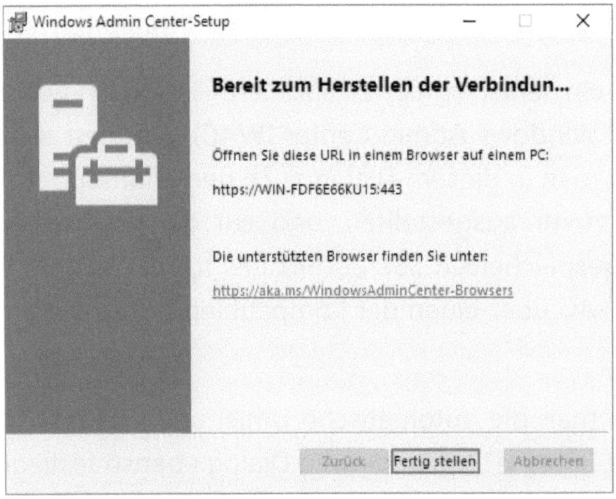

Abb. 2.25: *Abschluss der WAC-Installation*

Nach der erfolgreichen Installation kann man sich mit einem der kompatiblen Internet-Browser auf das Windows Admin Center (WAC) aufschalten. Der URL dazu wird in dem Dialog entsprechend angezeigt.

Unter Windows Server 2016 steht nach der Betriebssysteminstallation des Serverbetriebssystems zunächst nur der Internet Explorer (IE) von Microsoft als Webbrowser zur Verfügung.

Der Verbindungsversuch unter Windows Server 2016 mit dem - selbst von Microsoft bereits abgekündigten - Internet Explorer zum Windows Admin Center (WAC) führt zu einer Fehlermeldung, in welcher man auf die Verwendung eines mit dem WAC *„kompatiblen"* Webbrowsers hin aufgefordert wird. Es empfiehlt sich, den aktuellsten Google Chrome-Webbrowser für den Zugriff auf das Windows Admin Center (WAC) zu verwenden.

Internet Explorer ist mit dem WAC nicht kompatibel

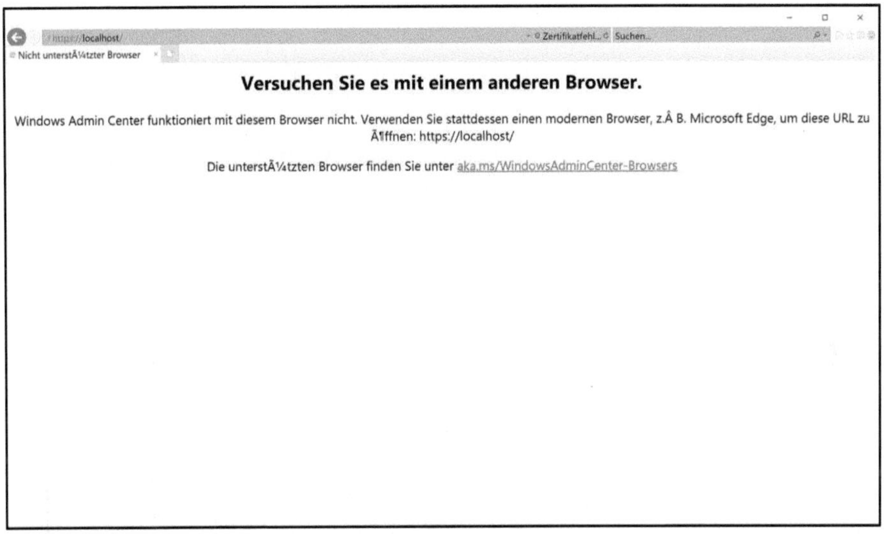

Abb. 2.26: *Aufruf des zuvor installierten Windows Admin Center (WAC) mit dem auf einem Serversystem unter Windows Server 2016 standardmäßig vorhandenen Internet Explorer*

Eine Liste der für die Verwendung des Windows Admin Center (WAC) unterstützten Webbrowser erhält man über den in der Fehlermeldung angegebenen Internet-Weblink. Details zu den mit dem Windows Admin Center (WAC) kompatiblen Webbrowsern finden sich im Kapitel 1 dieses Fachbuches.

2.5.3 Installation des WAC auf einem Core-Server

Das Windows Admin Center (WAC) kann im Bedarfsfall auch über die Kommandozeile auf einem Serversystem unter Windows Server 2019 oder unter Windows Server 2016 als Server Core-Installation bereitgestellt werden.

Automatisch generiertes Zertifikat läuft nach 60 Tagen ab

Entscheidend ist bei der Installation sicher, ob man dabei ein bereits vorhandenes, digitales Zertifikat für die Verschlüsselung der Datenübertragung von dem zum Aufruf des Windows Admin Center (WAC) verwendeten, oder noch während des Installationsprozesses ein neues, digitales Zertifikat automatisch generieren lässt. Es muss dabei bedacht werden, dass ein noch während der WAC-Installation automatisch generiertes SSL-Zertifikat lediglich eine Laufzeit von 60 Tagen hat.

2.5.3.1 Installation mitsamt des dabei automatisch generierten SSL-Zertifikats

Gehen Sie wie folgt vor, um das Windows Admin Center (WAC) auf einem Serversystem unter Windows Server 2016 oder Windows Server 2019 als Server Core-Installation mitsamt des während dieses Vorgangs automatisch generierten SSL-Zertifikats zu installieren:

1. Melden Sie sich als *Administrator* an dem betreffenden Serversystem unter Windows Server 2016 oder Windows Server 2019 als Server Core-Installation an.

2. Wechseln Sie in der *Eingabeaufforderung* in den *Pfad*, indem Sie zuvor die *Installationsdatei* des Windows Admin Center (WAC) auf dem Server gespeichert haben.

3. Geben Sie den folgenden Befehl in der *Eingabeaufforderung* des Serversystems ein, und drücken Sie anschließend die **Eingabetaste**:

   ```
   Msiexec /i <Name des Installationspakets>.msi /qn /L*v
   log.txt SME_PORT=443 SSL_CERTIFICATE_OPTION=generate
   ```

   Als *<Name des Installationspakets>*`.msi` verwendet man dabei einfach den Namen des von Microsoft zum Download angebotenen Installationspakets für das Windows Admin Center (WAC), beispielsweise „***WindowsAdminCenter1809.msi***" oder auch „***WindowsAdminCenter1812.msi***".

2.5.3.2 Installation mit einem bereits vorhandenen SSL-Zertifikat

Verwendung eines eigenen SSL-Zertifikats

Für die Installation des Windows Admin Center (WAC) kann man problemlos ein bereits vorhandenes SSL-Zertifikat verwenden. Dies ist ebenso auch bei der Installation des WAC auf einem Serversystem unter Windows Server 2016 oder auch Windows Server 2019 als Server Core-Installation möglich. Man muss zuvor lediglich den Wert des *„Fingerabdrucks"* (engl. *Thumbprint*) des zu verwendenden, digitalen Zertifikats ermitteln, da man diesen Wert gleich während der Installation des WAC für die Verwendung des betreffenden, digitalen Zertifikats angeben muss.

Ermitteln des Thumbprint eines digitalen SSL-Zertifikats

Zum Abrufen des *Thumbprint* (*Fingerabdruck*) des für die Installation des Windows Admin Center (WAC) zu verwendenden - und darauf bereits installierten - SSL-Zertifikats kann man auf dem betreffenden Server den folgenden Befehl in der *Windows PowerShell* verwenden:

```
Get-Childitem -Path cert:\LocalMachine\My
```

Beim Ausführen des benannten Befehls in der *Windows PowerShell* werden alle auf dem betreffenden Computer vorhandenen, digitalen Zertifikate mitsamt des jeweiligen *Thumbprint* aufgelistet (siehe Abb. 2.27).

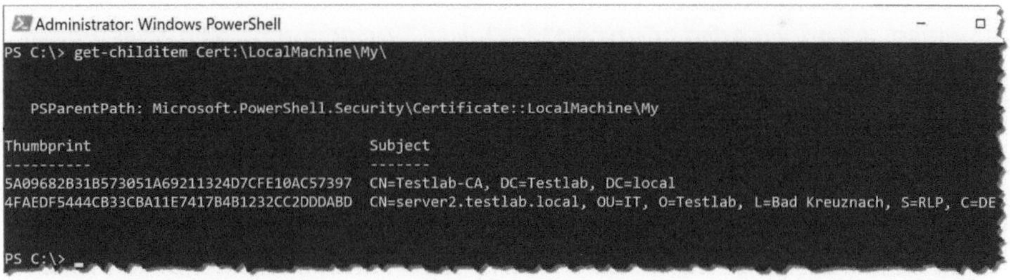

Abb. 2.27: *Anzeige der auf einem Server gespeicherten, digitalen Zertifikate in der Windows PowerShell*

Den *Thumbprint* des zu verwendenden, digitalen SSL-Zertifikats muss man nun nur noch mit der *Maus* markieren, und durch das Drücken der **Eingabetaste** für die spätere Verwendung in die *Zwischenablage* kopieren.

Installation des WAC mit einem vorhandenen SSL-Zertifikat

Gehen Sie wie folgt vor, um das Windows Admin Center (WAC) auf einem Serversystem unter Windows Server 2016 oder Windows Server 2019 als Server Core-Installation mitsamt eines bereits vorhandenen, digitalen SSL-Zertifikats zu installieren:

1. Melden Sie sich als Administrator an dem betreffenden Serversystem unter Windows Server 2016 oder Windows Server 2019 als Server Core-Installation an.

2. Wechseln Sie in der *Eingabeaufforderung* in den *Pfad*, indem Sie zuvor die *Installationsdatei* des Windows Admin Center (WAC) auf dem Server gespeichert haben.

3. Geben Sie den folgenden Befehl in der *Eingabeaufforderung* des Serversystems ein, und drücken Sie anschließend die **Eingabetaste**:

   ```
   Msiexec /i <Name des Installationspakets>.msi /qn /L*v
   log.txt SME_PORT=443 SME_THUMBPRINT=<thumbprint>
   SSL_CERTIFICATE_OPTION=installed
   ```

   Als *<Name des Installationspakets>*.**msi** verwendet man dabei einfach den Namen des von Microsoft zum Download angebotenen Installationspakets für das Windows Admin Center (WAC), beispielsweise „***WindowsAdminCenter1809.msi***" oder auch „***WindowsAdminCenter1812.msi***". Ersetzen Sie bei der Ausführung *<thumbprint>* durch den im vorherigen Schritt ermittelten Thumbprint-Wert des auf dem betreffenden Serversystem bereits gespeicherten, digitalen Zertifikats.

2.6 Verbindung mit dem Windows Admin Center (WAC)

Die Verbindung mit dem Windows Admin Center (WAC) erfolgt mithilfe eines der mit dem WAC kompatiblen Webbrowser. Abhängig von der zuvor erfolgten Installationsmethode, sowie des dabei ausgewählten Installationsmodus erfolgt der Aufruf von WAC auf einer der folgenden Weisen:

- **Desktop-Modus** - Die Verbindung mit dem Windows Admin Center (WAC) erfolgt in diesem Fall mithilfe des folgenden Adressaufrufs: https://localhost:[port*]* (beispielsweise: **https://localhost:6516**)
- **Gateway-Modus** - Die Verbindung mit dem *Windows Admin Center* (WAC) erfolgt in diesem Fall mithilfe des folgenden Adressaufrufs: *https://Servername* (beispielsweise: **https://server01**)

HINWEIS! Der Internet Explorer (IE) als Browser für die Verwaltung von Computersystemen mit dem WAC wird durch Microsoft nicht unterstützt

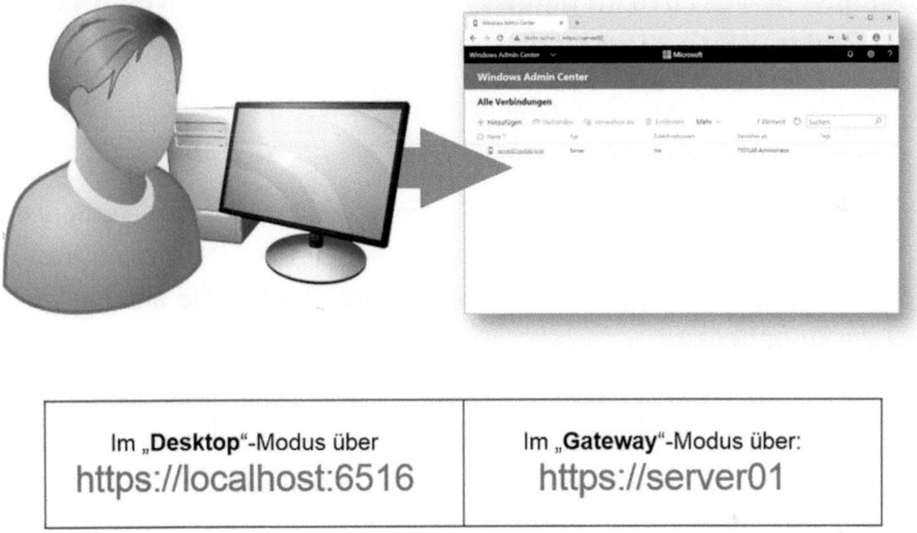

Abb. 2.28: *Die verschiedenen URLs zum Aufruf des Windows Admin Center - abhängig vom jeweiligen Installationsmodus*

Installation im Gateway-Modus empfohlen

Der Internet Explorer kann für die Verwaltung von Client- und Servercomputern mithilfe des Windows Admin Center (WAC) nicht verwendet werden. Alternativ besteht die Möglichkeit der Verwendung des Microsoft Edge- oder des Google Chrome-Browsers.

Microsoft empfiehlt die Verwendung von *Windows 10 und Microsoft Edge* für die Remoteverwaltung des auf einem Windows-Serversystem unter Windows Server 2019 oder auch Windows Server 2016 für den *Gateway-Modus* installierten Windows Admin Center (WAC).

2.6.1 Schritte zum Verbinden mit dem Windows Admin Center (WAC)

Nach der Bereitstellung kann man sich mithilfe einfacher Schritte unter Verwendung eines der mit dem WAC kompatiblen Webbrowser mit dem Windows Admin Center (WAC) verbinden.

Gehen Sie wie folgt vor, um sich von einem Clientcomputer unter Windows 10 mit dem Google Chrome-Browser zum ersten Mal mit dem auf einem Serversystem unter Windows Server 2019 oder Windows Server 2016 im Gateway-Modus installierten Windows Admin Center (WAC) zu verbinden:

1. Starten Sie auf dem Computer unter Windows 10 den *Google-Chrome-Browser (oder alternativ den Microsoft Edge-Browser).*

2. Geben Sie im Adressfeld **https://** gefolgt von der Adresse des Serversystems ein, auf dem das *Windows Admin Center* (WAC) zuvor installiert wurde (Beispiel: *https://Server02*), und drücken Sie anschließend die **Eingabetaste**.

3. Klicken Sie beim Erscheinen des Hinweises auf ein *Problem mit dem Sicherheitszertifikat der Website* auf die Option **ERWEITERT**, und dann auf die Option **Weiter zu <*Servername*> (unsicher)**.

4. Geben Sie den *Anmeldenamen* und das *Kennwort* ein, das für die Verbindung mit dem *Windows Admin Center* (WAC) auf dem betreffenden Serversystem unter Windows Server 2016 verwendet werden soll. Klicken Sie anschließend auf **OK**.

Das Windows Admin Center wird im Webbrowser angezeigt. Bei der ersten Anmeldung erscheint ein *Willkommensdialog* mit einer *Einführung in das Windows Admin Center*. Diese Einführung kann man im Bedarfsfall mit einem Klick auf **Einführung überspringen** einfach beenden.

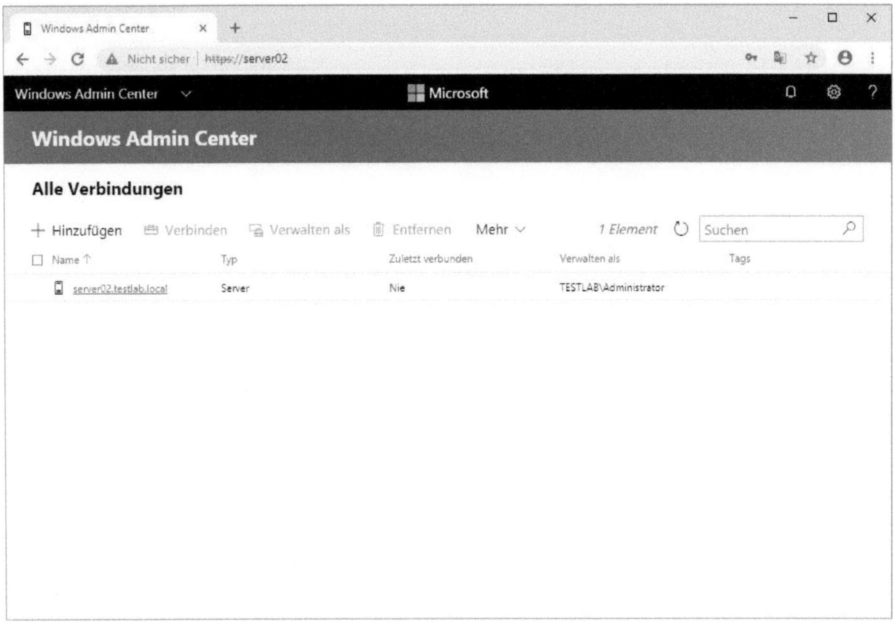

Abb. 2.29: *Das Windows Admin Center (WAC) nach dem ersten Start*

2.7 Vorbereitung der Netzwerkinfrastruktur

Abhängig von den zu verwaltenden Server- und Clientcomputersystemen muss man die betreffenden Computersysteme vor dem Einbinden in die Verwaltung mittels des *Windows Admin Center* (WAC) entsprechend vorbereiten.

Windows Management Framework (WMF) 5.1 oder höher für die Verwaltung grundsätzlich notwendig

HINWEIS! Wie zuvor bereits erläutert, wird für die Verwaltung von Client- und auch Servercomputern mithilfe des *Windows Admin Center* (WAC) grundsätzlich das *Windows Management Framework* (WMF) in der Version 5.1 oder höher mitsamt der darin jeweils enthaltenen Windows PowerShell-Version vorausgesetzt.

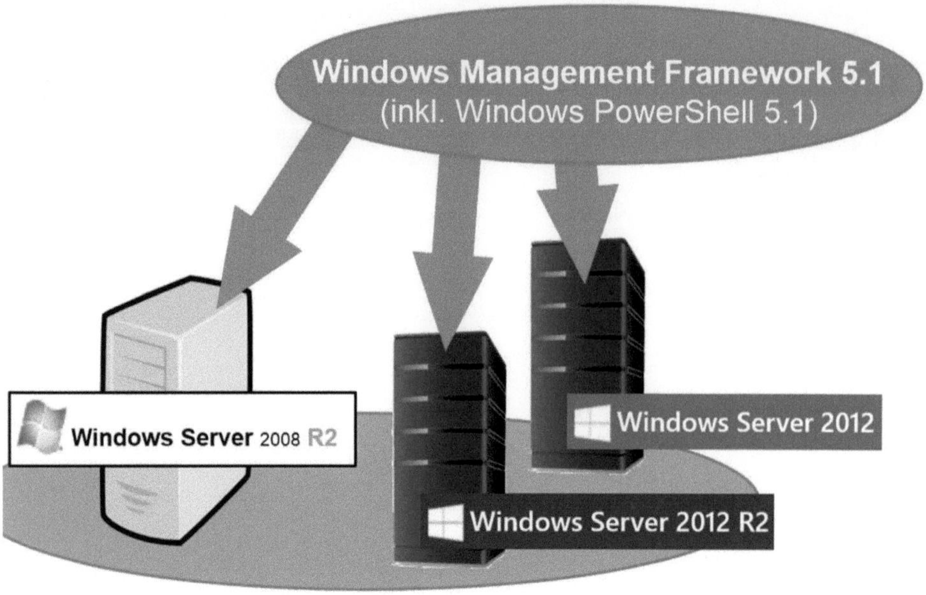

Abb. 2.30: *Vorbereitung der zentralisierten Verwaltung von Computersystemen durch die Verteilung des Windows Management Framework 5.1 (inklusive der darin enthaltenen Windows PowerShell-Version)*

2.7.1 Vorbereitung von Windows Server 2008 R2

Die Verwaltung von Serversystemen unter Windows Server 2008 R2 mithilfe des Windows Admin Center (WAC) erfordert zuvor entsprechende Konfigurationsschritte auf den zu verwaltenden Serversystemen.

HINWEIS! Die Verwaltung von Serversystemen unter Windows Server 2008 R2 wird lediglich noch von der Windows Admin Center-Preview-Version unterstützt. In der endgültigen Version unterstützt das Windows Admin Center (WAC) die Verwaltung von Serverbetriebssystemen erst ab Windows Server 2012 und höher.

Die Vorbereitung von den mit dem *Windows Admin Center* (WAC) zu verwaltenden Serversystemen unter Windows Server 2008 R2 umfasst die folgenden Schritte:

1. **Überprüfung des Vorhandenseins des .NET Framework 4.5.2 (oder höher)**
2. **Überprüfung des Vorhandenseins des WMF 5.1 (oder höher)**
3. **Aktivierung der Remote-Verwaltung**
4. **Aktivierung von Remotedesktop**

Die notwendigen Vorbereitungsschritte umfassen im Detail:

1. Überprüfung des Vorhandenseins des .NET Framework 4.5.2

Zunächst muss auf dem zu verwaltenden Serverbetriebssystem unter Windows Server 2008 R2 das *.NET Framework 4.5.2* (oder später) installiert werden, soweit noch nicht geschehen.

INTERNET! Details zum Download, sowie zur Installation des .NET Framework 4.5.2 erhält man im Internet auf der Website von Microsoft unter:

https://docs.microsoft.com/en-us/dotnet/framework/install/on-windows-7

2. Überprüfung des Vorhandenseins des WMF 5.1 oder höher

Im nächsten Schritt muss überprüft werden, ob das *Windows Management Framework 5.1* oder höher auf dem zu verwaltenden Serversystem unter Windows Server 2008 R2 bereits installiert ist. Hierzu kann man den folgenden Befehl in der Windows PowerShell verwenden:

```
$PSVersionTable
```

INTERNET! Sollte das WMF 5.1 oder höher auf dem betreffenden Serversystem unter Windows Server 2008 R2 noch nicht installiert sein, so findet man unter dem folgenden Weblink die Details für den Download, sowie auch die notwendigen Schritte für die Installation unter:

https://docs.microsoft.com/en-us/powershell/wmf/5.1/install-configure

3. Aktivierung der Remote-Verwaltung

Im folgenden Schritte muss nun die Remoteverwaltung auf dem zu verwaltenden Serversystem unter Windows Server 2008 R2 aktiviert werden. Dies kann beispielsweise einfach mithilfe des folgenden Befehls in der *Windows PowerShell* erfolgen:

```
Enable-PSRemoting -force
```

4. Aktivierung von Remotedesktop

Damit man sich mittels *Remotedesktop* aus dem *Windows Admin Center* (WAC) heraus auf die zu verwaltenden Serversysteme unter Windows Server 2008 R2 aufschalten kann, muss dies zunächst aktiviert werden. In der Standardeinstellung ist *Remotedesktop* aus Sicherheitsgründen standardmäßig deaktiviert.

Aktivierung von Remotedesktop mithilfe des Server-Managers

Die Aktivierung der Unterstützung für Remotezugriffe mithilfe des *Remotedesktop* erfolgt auf einem Serversystem unter Windows Server 2008 R2 durch die folgenden Schritte:

1. Öffnen Sie den *grafischen Server-Manager*, und wechseln Sie darin zu *„Remotedesktop aktivieren"*.
2. Aktivieren Sie die *Remotedesktop-Unterstützung*.

Aktivierung von Remotedesktop über die Systemeigenschaften in der Systemsteuerung

Alternativ lässt sich *Remotedesktop* über die Systemeigenschaften in der *Systemsteuerung* aktivieren. Gehen Sie hierzu wie folgt vor:

1. Öffnen Sie das **Startmenü**, klicken Sie mit der rechten Maustaste auf **Computer**, und wählen Sie **Eigenschaften** aus.
2. Klicken Sie in dem Dialog auf **Remoteeinstellungen**, und konfigurieren Sie das betreffende Computersystem für die Unterstützung von Remotedesktop.

2.7.2 Vorbereitung von Microsoft Hyper-V Server 2012 R2

Um Serversysteme mit Microsoft Hyper-V Server 2012 R2 mit dem Windows Admin Center (WAC) verwalten zu können, sind die folgenden Schritte notwendig:

1. **Installation des Windows Management Framework 5.1 oder höher**
2. **Aktivierung der Remoteverwaltung**
3. **Aktivierung der Dateiserver-Rolle**
4. **Aktivierung des Hyper-V-Module für Windows PowerShell**

Gehen Sie zur Vorbereitung von Serversystemen unter Microsoft Hyper-V-Server 2012 R2 für die Verwaltung mittels Windows Admin Center (WAC) wie folgt vor:

1. Installation des Windows Management Framework 5.1

Das *Windows Admin Center* (WAC) setzt Windows PowerShell-Funktionen voraus, welche in Microsoft Hyper-V-Server 2012 R2 standardmäßig nicht enthalten sind. Für die Unterstützung muss auf den zu verwaltenden Serversystemen das *Windows Management Framework 5.1* oder höher installiert sein. Mithilfe des folgenden Befehls in der Windows PowerShell kann man die installierte Version des WMF überprüfen:

```
$PSVersionTable
```

INTERNET! Sollte das WMF 5.1 oder höher auf dem betreffenden Serversystem unter Hyper-V-Server 2012 R2 noch nicht installiert sein, so findet man unter dem folgenden Weblink die Details für den Download, sowie auch die notwendigen Schritte für die Installation unter:

https://docs.microsoft.com/en-us/powershell/wmf/5.1/install-configure

2. Aktivierung der Remoteverwaltung

Gehen Sie wie folgt vor, um die Remoteverwaltung im Hyper-V-Server zu aktivieren:

1. Melden Sie sich als *Administrator* am Hyper-V-Server an.
2. Starten Sie durch die Eingabe von *sconfig* in der *Eingabeaufforderung* die Server-Konfiguration.
3. Wählen Sie im *Server-Konfiguration (SCONFIG)*-Tool die **4** zum Konfigurieren der *Remoteverwaltung.*
4. Geben Sie **1** zum Aktivieren der *Remoteverwaltung* ein.
5. Geben Sie **4** ein, um zum Hauptmenü zurückzukehren.

Nach der Aktivierung der Remoteverwaltung kann man das Serversystem in das *Windows Admin Center* (WAC) aufnehmen, und von dort aus über die Remoteverwaltung die Dateidienst-Rolle, sowie auch das Hyper-V-Module für Windows PowerShell aktivieren.

2.7.3 Vorbereitung von Microsoft Hyper-V Server 2019 und Hyper-V-Server 2016

Um Serversysteme mit Microsoft Hyper-V-Server 2019 sowie auch mit Microsoft Hyper-V-Server 2016 mithilfe des Windows Admin Center (WAC) verwalten zu können, sind die folgenden Schritte notwendig:

1. **Aktivierung der Remoteverwaltung**
2. **Aktivierung der Dateiserver-Rolle**
3. **Aktivierung des Hyper-V-Module für Windows PowerShell**

Das *Windows Management Framework 5.1 (oder höher)* ist in Windows Server 2019 sowie auch in Windows Server 2016 *standardmäßig* bereits enthalten. Die Installationsschritte, wie diese noch unter Windows Server 2012 R2 oder auch Windows Server 2012 notwendig sind, entfallen auf diesen Serversystemen für das WMF.

PRAXISTIPP! Die Remoteverwaltung ist in den Windows-Serverbetriebssysteme seit Windows Server 2008 R2 (Release 2) standardmäßig bereits aktiviert. Lediglich wenn Änderungen an den Einstellungen vorgenommen wurden, muss man hier ggf. nochmals „Hand anlegen".

1. Aktivierung der Remoteverwaltung

Gehen Sie wie folgt vor, um die Remoteverwaltung im Hyper-V-Server 2019 bzw. Hyper-V Server 2016 zu (re-)aktivieren:

1. Melden Sie sich als Administrator am Hyper-V-Server an.
2. Starten Sie durch die Eingabe von *sconfig* in der *Eingabeaufforderung* die Server-Konfiguration.
3. Wählen Sie im Server-Konfiguration (SCONFIG)-Tool die **4** zum Konfigurieren der *Remoteverwaltung*.
4. Geben Sie **1** zum Aktivieren der *Remoteverwaltung* ein.
5. Geben Sie **4** ein, um zum Hauptmenü zurückzukehren.

Nach der Aktivierung der *Remoteverwaltung* kann man das Serversystem in das Windows Admin Center (WAC) aufnehmen, und von dort aus die *Dateidienst*-Rolle, sowie auch das *Hyper-V-Modul für Windows PowerShell* aktivieren.

2.7.4 Vorbereitung von Microsoft Windows 10-Clientcomputern

Damit man Clientcomputersysteme unter Windows 10 mit dem *Windows Admin Center* (WAC) verwalten kann, muss zuvor der *WinRM-Dienst* (Windows Remote Management-Dienst) entsprechend vorbereitet werden. Dies kann unternehmensweit mithilfe von Gruppenrichtlinien in den Active Directory-Domänendiensten, oder jeweils lokal mithilfe der Kommandozeile erfolgen.

Gehen Sie wie folgt vor, um einen Clientcomputer unter Windows 10 für die nachfolgende Verwaltung mit dem Windows Admin Center (WAC) entsprechend vorzubereiten:

1. Melden Sie sich mit *administrativen Rechten* an dem zu konfigurierenden Clientcomputer unter Windows 10 an.

2. Öffnen Sie die *Eingabeaufforderung* mit *administrativen Rechten*, geben Sie den folgenden Befehl ein, und drücken Sie anschließend die **Eingabeaufforderung**:

   `winrm quickconfig`

3. Bestätigen Sie die notwendige Konfiguration, sowie auch die Konfiguration der notwendigen Ausnahmeregeln in der Windows-Firewall jeweils mithilfe der Eingabe des Buchstaben „**y**".

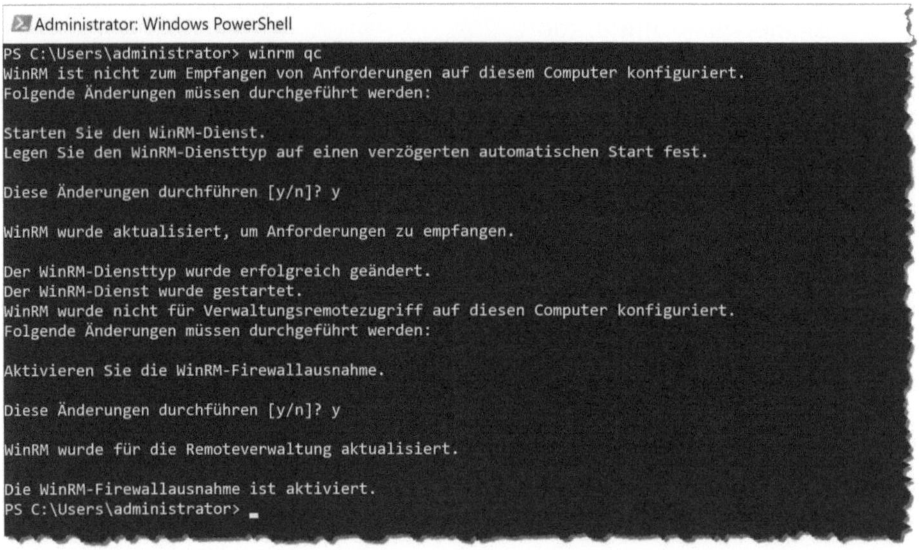

Abb. 2.31: *Aktivierung der Windows Remote-Verwaltung (WinRM) auf einem Clientcomputer unter Windows 10*

Das betreffende Computersystem kann anschließend zur Verwaltung in das Windows Admin Center (WAC) aufgenommen werden. Die notwendigen Schritte hierzu werden später noch erläutert.

2.8 Bereitstellen des WAC mit hoher Verfügbarkeit (HA)

Man kann das Windows Admin Center (WAC) im Bedarfsfall im Gateway-Modus (sprich: als Windows Admin Center Gateway) in einem Failovercluster installieren, um die Bereitstellung des WAC durch die damit verbundene, hohe Verfügbarkeit (engl. *High Availability, HA*) sicherzustellen. Die Installation des WAC ist hierbei innerhalb eines Aktiv-/Passivclusters möglich. Sollte es zum Ausfall des Clusterknotens kommen, auf dem das Gateway-System gerade ausgeführt wird, so wird das Failover auf den weiteren, vorhandenen Clusterknoten ausgeführt, und der Zugriff auf das Windows Admin Center (WAC) weiter ermöglicht.

Ausfallsicher im Failovercluster

2.8.1 Voraussetzungen für die Bereitstellung im Failovercluster

Für die Bereitstellung des Windows Admin Center (WAC) in einem Failovercluster gelten die folgenden Bedingungen:

- Failovercluster mit 2 oder mehr Knoten unter Windows Server 2016 (oder höher).
- Freigebenes Clustervolume (CSV) mit einer Größe von 10 GB für das Windows Admin Center zum Speichern von Daten, auf die von allen Knoten im Clusterverbund zugegriffen werden kann.
- Hoch verfügbare Skripts für die Installation, das Update, sowie auch die Deinstallation von WAC im Cluster aus der Datei **WindowsAdminCenterHA-Setupscripts-xxxx.zip** (diese können aus dem Internet kostenfrei heruntergeladen werden unter: **https://aka.ms/WACHASetupScripts**)
- (*Optional*) ein signiertes Zertifikat (als PFX-Datei inklusive des zugehörigen Kennworts). Das Zertifikat muss auf den Clusterknoten bereits installiert sein. Sollte kein digitales Zertifikat vorweg bereitgestellt werden, generiert das Installationsskript ein selbstsigniertes Zertifikat mit einer Laufzeit von 60 Tagen.

Wenn alle Anforderungen für die Bereitstellung des Windows Admin Center (WAC) im Failovercluster erfüllt sind, kann man mit der Installation beginnen.

2.8.2 Installation des WAC auf einem Failovercluster

Automatisch generiertes Zertifikat läuft nach 60 Tagen ab

Die Installation des Windows Admin Center (WAC) auf einem Failovercluster erfordert nur wenige Schritte. Optional - aber empfohlen - ist dabei die Verwendung eines zuvor auf den Clusterknoten installierten, digitalen SSL-Zertifikats, das für den späteren Aufruf des Windows Admin Center (WAC) für die Absicherung der dabei übertragenen Daten im Netzwerk dient. Alternativ kann man bei der Installation ein selbstsigniertes Zertifikat generieren lassen, welches jedoch lediglich eine Laufzeit von 60 Tage besitzt - und für die langfristige Verwendung des WAC zu einem späteren Zeitpunkt dann eben doch noch ersetzt werden sollte.

Gehen Sie wie folgt vor, um das Windows Admin Center (WAC) in einem Failovercluster unter Windows Server 2016 (oder höher) bereitzustellen:

1. Kopieren Sie das Skript **Install-Windows AdminCenterHA.ps1** auf einen der Knoten innerhalb des Failoverclusters.

2. Verbinden Sie sich mittels Remotedesktop (RDP) auf den betreffenden Clusterknoten, und führen Sie das zuvor dort hin kopierte Skript unter Verwendung der folgenden Parameter als Administrator in der ***Windows PowerShell*** aus:

   `-clusterStorage` : bestimmt den Speicherpfad, in dem das Windows Admin Center im Verlauf der Installation gespeichert werden soll.

   `-clientAccessPoint` : legt den Namen für den Zugriff auf das Windows Admin Center (WAC) fest. Wenn man das Skript beispielsweise mit den folgenden Werten ausführt: **`-clientAccessPoint`** ***`certproWAC`***, dann kann der Zugriff innerhalb der internen Domäne „***certpro.local***" auf WAC über den folgenden URL erfolgen:

   https://certproWAC.certpro.local

staticAddress : (*optional*) eine oder mehrere statische Adressen für den Clusterdienst.

-msiPath : der Pfad, in dem die Windows Admin Center-MSI-Datei abgelegt ist.

-certPath : (*optional*) der Pfad, in dem das digitale SSL-Zertifikat als PFX-Datei gespeichert ist.

-certPassword (*optional*) das Kennwort, das für die Absicherung der unter dem Parameter **-certPath** angegebenen PFX-Datei festgelegt wurde.

-generateSslCert : (*optional*) dient dazu, ein selbstsigniertes, digitales SSL-Zertifikat zu erstellen, und es für die Installation des WAC zu verwenden. Beachten Sie unbedingt, dass dieses Zertifikat nach 60 Tagen abläuft.

-portNumber : (*optional*) wenn bei der Installation des WAC kein spezifischer Port angegeben wird, so wird das WAC standardmäßig unter Port 443 (HTTPS) bereitgestellt. Wenn ein alternativer Port angegeben wird, so muss man diesen beim Aufruf der WAC-Konsole im Browser nach dem Namen des WAC-Computers, getrennt durch einen Doppelpunkt (:) angeben, beispielsweise: *https://certproWAC*:**8080**

Beispiel für die Installation mit einem bereits zuvor installierten, digitalen SSL-Zertifikat:

```
C:\PS> $certPassword = Read-Host -AsSecureString

C:\PS> .\Install-WindowsAdminCenterHA.ps1 -clusterStorage
C:\ClusterStorage\Volume1 -clientAccessPoint certproHAGW
-msiPath '.\ServerManagementGateway.msi' -certPath
cert.pfx -certPassword $certPassword
```

Beispiel für die Installation mit einem selbstsignierten SSL-Zertifikat:

```
C:\PS> .\Install-WindowsAdminCenterHA.ps1 -clusterStorage
C:\ClusterStorage\Volume1 -clientAccessPoint certproHAGW
-msiPath '.\ServerManagementGateway.msi' -generateSslCert
```

Im Problemfall kann man mögliche Fehler während der Installation des WAC in den Installationsprotokollen nachlesen, die in dem zur Installation des WAC angegebenen Speicherplatz im CSV-Format gespeichert werden.

2.8.3 Aktualisierung einer vorhandenen HA-Installation

Wenn eine neuere Version des Windows Admin Center (WAC) veröffentlicht wird, kann man auch bereits installierte Versionen innerhalb eines Failoverclusters mit einfachen Schritten aktualisieren.

Gehen Sie dazu wie folgt vor, um die Aktualisierung einer zuvor bereits installierten Version des WAC innerhalb eines Failoverclusters durchzuführen:

1. Kopieren Sie das ***Update-WindowsAdminCenterHA.ps1***-Skript auf einen Clusterknoten, auf dem zuvor bereits das Windows Admin Center (WAC) in einer früheren Version bereitgestellt wurde.

2. Verbinden Sie sich mittels Remotedesktop (RDP) auf den betreffenden Knoten, und führen Sie die zuvor dorthin kopierte Skriptdatei als Administrator mit der ***Windows PowerShell*** aus. Verwenden Sie dabei den folgenden Befehl:

   ```
   Update-WindowsAminCenterHA.ps1 -msiPath `
   .\ServerManagementGateway.msi
   ```

Die Aktualisierung des Windows Admin Center (WAC) muss nacheinander auf jedem der betreffenden Clusterknoten innerhalb des Failoverclusters durchgeführt werden. Wenn die Aktualisierung jeweils auf dem „passiven" Clusterknoten durchgeführt wird, so vermeidet man mögliche Unterbrechungen im Zugriff auf das WAC.

2.8.4 Deinstallation von WAC in einem Failovercluster

Im Bedarfsfall kann man das Windows Admin Center (WAC) problemlos wieder aus dem Failovercluster entfernen. Zur Deinstallation steht auch hierzu eine fertige Skriptdatei mit dem Namen ***Uninstall-WindowsAdminCenterHA.ps1*** in der zuvor erwähnten .ZIP-Datei für die Bereitstellung des WAC zum kostenfreien Download bei Microsoft im Internet bereit.

Die Deinstallation des WAC in einem Failovercluster lässt sich mit einfachen Schritten durchführen. Gehen Sie dazu wie folgt vor:

1. Kopieren Sie die Datei ***Uninstall-WindowsAdminCenterHA.ps1*** auf den betreffenden Clusterknoten, auf dem das WAC zuvor bereitgestellt wurde.

2. Verbinden Sie sich mittels Remotedesktop (RDP) auf den betreffenden Clusterknoten und führen Sie die zuvor dorthin kopierte Datei in der ***Windows PowerShell*** als Administrator aus. Für die Deinstallation des WAC sind keinerlei Parameter erforderlich.

Die Deinstallation des WAC muss nacheinander auf jedem der betreffenden Clusterknoten innerhalb des Failoverclusters durchgeführt werden.

Nach der Darstellung der verschiedenen Bereitstellungsmethoden und -möglichkeiten des Windows Admin Center (WAC) geht es nun an die Konfigurationsmöglichkeiten. Mehr dazu findet man im nächsten Kapitel dieses Fachbuches.

KAPITEL 3

Konfiguration und Anpassung des Windows Admin Center

Nach der Bereitstellung des Windows Admin Center (WAC) besteht die Möglichkeit zur Konfiguration und Anpassung bestimmter, darin enthaltener Einstellungen. Dies setzt jedoch die dazu notwendigen Administratorrechte voraus.

3.1 Einstellungen im Windows Admin Center (WAC)

Administrative Rechte erforderlich

Gleich im Anschluss an die Bereitstellung des Windows Admin Center (WAC) kann man darin bestimmte, grundlegende Einstellungen vornehmen. Diese Einstellungen erfolgen entweder auf der Benutzer- oder zum Beispiel der Gateway-Ebene. Änderungen in den Benutzereinstellungen des WAC wirken sich dabei lediglich auf das Profil des jeweiligen Benutzers aus, wogegen die Änderungen von Einstellungen auf der Gateway-Ebene für alle Benutzer des betreffenden Windows Admin Center-Gateways gelten.

3.1.1 Benutzereinstellungen

Die Möglichkeit zur Konfiguration von Benutzereinstellungen innerhalb des Windows Admin Center (WAC) beschränkt sich auf die folgenden Abschnitte:

- **Konto** - in dieser Registerkarte können Benutzer die bei der Anmeldung beim WAC verwendeten Anmeldeinformationen prüfen. Sollte Azure AD als Identitätsanbieter gegenüber dem WAC verwendet worden sein, so kann der betreffende Benutzer sich in dieser Registerkarte von Azure AD abmelden.

- **Sprache/Region** - in diesem Abschnitt können die Benutzer die Sprach- und Regionseinstellungen für das Windows Admin Center (WAC) nach Bedarf ändern.

- **Vorschläge** - in diesem Abschnitt können Benutzer des WAC Microsoft im Bedarfsfall mögliche Änderungs- oder Verbesserungvorschläge zu den Azure-Diensten sowie auch zu neuen Funktionen des Windows Admin Center (WAC) unterbreiten.

- **Erweitert** - in diesem Abschnitt kann man im Bedarfsfall die Konsolenprotokollebene (Protokollierungstiefe) des WAC anpassen, sowie auch die mögliche Verwendung sogenannter „Experimentierschlüssel" aktivieren.

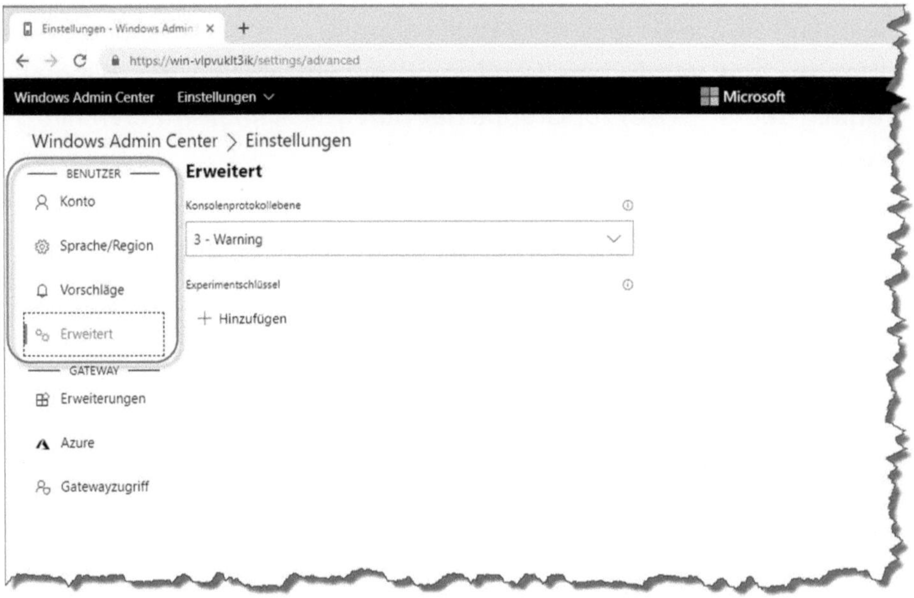

Abb. 3.1: *Benutzereinstellungen im Windows Admin Center (WAC)*

3.1.2 Gateway-Einstellungen

Die Konfiguration der Gateway-Einstellungen innerhalb des Windows Admin Center (WAC) umfasst die folgenden Abschnitte:

- **Erweiterungen** - in diesem Abschnitt kann man vorhandene Gateway-Erweiterungen installieren, deinstallieren oder aktualisieren.
- **Azure** - in diesem Abschnitt können Administratoren das Windows Admin Center-Gateway zum Aktivieren der in der Microsoft Azure-Cloud vorhandenen Azure-Funktionen in der Microsoft Azure-Cloud im Internet registrieren.
- **Gatewayzugriff** - mithilfe dieser Registerkarte können Administratoren den Identitätsanbieter festlegen, der für die Authentifizierung von Benutzern im Windows Admin Center (WAC) verwendet werden soll. Zudem lässt sich hier festlegen, welchen Gruppen als *„Zulässige Gruppen"* der Zugriff auf das Windows Admin Center (WAC) ermöglicht

werden soll. Die Gruppe der Administratoren des betreffenden Computersystems wurde bereits während der Installation des Windows Admin Center (WAC) zur Gruppe der *Gateway-Administratoren* hinzugefügt.

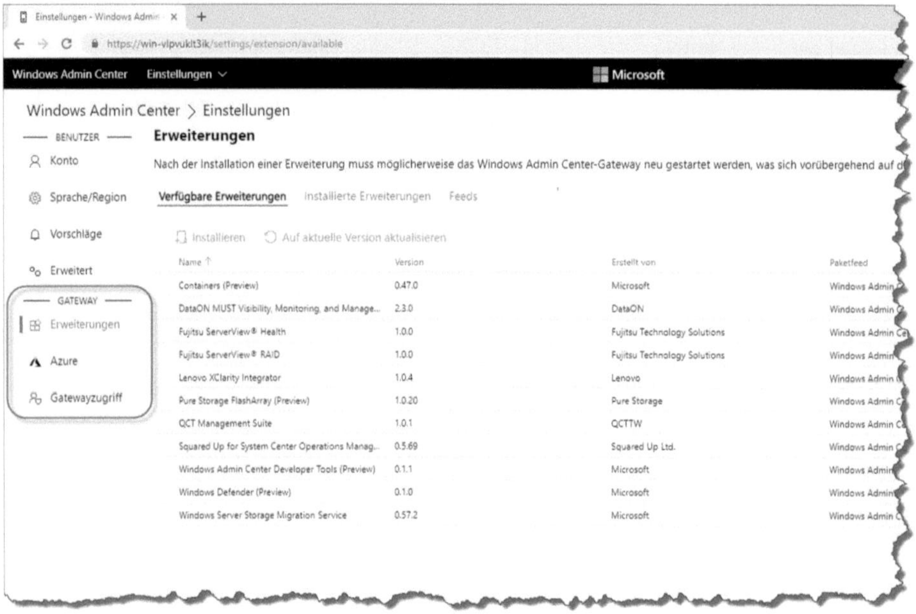

Abb. 3.2: *Gateway-Einstellungen im Windows Admin Center (WAC)*

3.2 Konfiguration des Benutzerzugriffs und der Berechtigungen

Die Möglichkeit zur Zugriffsverwaltung rund um das Windows Admin Center (WAC) ist lediglich möglich, wenn dieses als Dienst (im Gateway-Modus) auf einem Windows Serversystem bereitgestellt und ausgeführt wird.

3.2.1 Standardmäßige Zugriffsrollen

Wie dies bereits in der Einführung dieses Fachbuchs erklärt wurde, existieren standardmäßig die folgenden, vordefinierten Rollen für den Zugriff auf das Windows Admin Center Gateway:

- **Gateway-Benutzer** - die Rolle bietet die Möglichkeit, sich mit dem Windows Admin Center Gateway für die Verwaltung von Computersystemen zu verbinden. Gateway-Benutzer können die Einstellungen für die Zugriffsberechtigung, sowie auch die durch die Gateway-Administratoren fesgelegte Authentifizierungsmethode jedoch nicht verändern.

- **Gateway-Administratoren** - die Rolle wird verwendet, um den Zugriff, sowie auch die Authentifizierungsoptionen für Gateway-Benutzer festzulegen. Lokale Administratoren auf dem Gateway-Computer gehören automatisch auch zur Gruppe der Gateway-Administratoren.

PRAXISTIPP! Beachten Sie, dass durch die Zuweisung von Benutzern zur Gruppe *Gateway-Benutzer* zwar der Zugriff auf das betreffene *Windows Admin Center Gateway*, nicht jedoch auch der Zugriff auf die damit zu verwaltenden Computersysteme delegiert wird. Für die Verwaltung von Server- und Clientcomputern muss der betreffende Benutzer zusätzlich über die notwendigen Verwaltungsrechte auf den einzelnen Computersystemen verfügen.

3.2.2 Authentifizierung von Gateway-Benutzern

Die Gateway-Administratoren können beim Festlegen der Authentifzierungsmethoden für die Gateway-Benutzer wählen zwischen:

- **Active Directory- oder lokale Gruppen** - werden standardmäßig zum Steuern des Zugriffs auf das WAC-Gateway verwendet. Im Windows Admin Center (WAC) kann man im Abschnitt *„Gatewayzugriff"* festlegen, wer als Gateway-Benutzer den Zugriff darauf erhält.

- **Azure Active Directory (Azure AD)** - kann für die Authentifizierung der Gateway-Benutzer verwendet werden, was jedoch ein Azure-AD-Abonnement in der Microsoft Azure-Cloud klar voraussetzt. Die Verwendung der Authentifizierung mittels Azure AD ermöglicht zusätzlich auch die Verwendung der darin enthaltenen Multifaktor-Authentifizierung oder auch des *bedingten Zugriffs* (engl. *Conditional Access*).

HINWEIS! Auch bei der Verwendung von Azure AD für die Authentifizierung müssen die betreffenden Benutzer ebenso auch Mitglied der jeweils lokalen Administratorengruppen auf den zu verwaltenden Computersystemen sein.

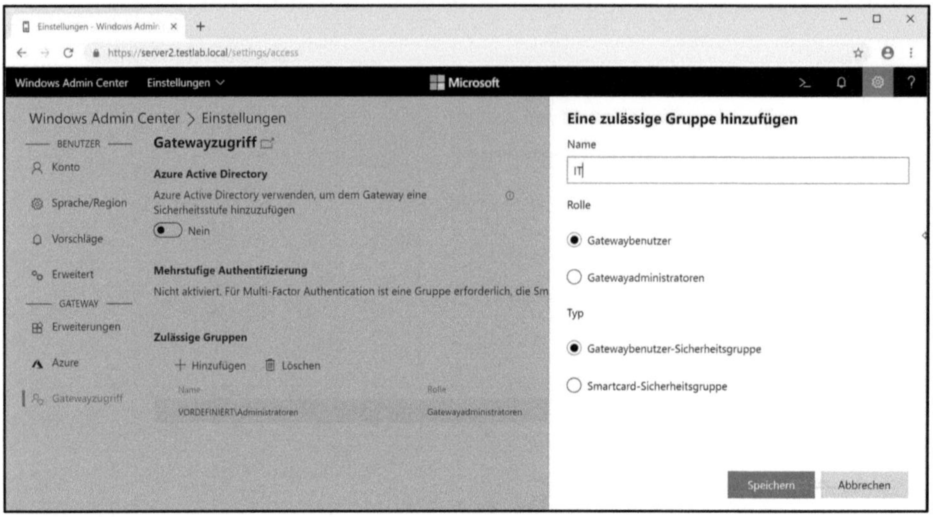

Abb. 3.3: *Bestimmen der Gateway-Benutzer im Windows Admin Center (WAC)*

3.2.3 Smartcard-Authentifizierung

Zusätzliche Sicherheit

Zur weiteren Absicherung des Zugriffs auf das Windows Admin Center (WAC) kann man zwecks *„mehrstufiger Authentifizierung"* zusätzlich auch die *Smartcard-Authentifizierung* erzwingen. Hierbei bestimmt man innerhalb des WAC eine für die Authentifizierung notwendige, *Smartcard-basierte Sicherheitsgruppe*. Ein Benutzer kann anschließend nur noch auf den Windows Admin Center-Dienst zugreifen, wenn er neben den sonstigen Sicherheitsgruppen ebenso zwingend auch Mitglied dieser spezifischen, *Smartcard-basierten Sicherheitsgruppe* ist.

INTERNET! Weitere Informationen zur Smartcard-Authentifizierung in Verbindung mit dem Windows Admin Center (WAC) erhalten Sie im Internet unter:

https://docs.microsoft.com/de-de/windows-server/manage/windows-admin-center/configure/user-access-control#active-directory-or-local-machine-groups

3.2.4 Bedingter Zugriff und die mehrstufige Authentifizierung

Die Authentifizierung gegenüber dem Windows Admin Center-Gateway kann man mithilfe der in Azure AD verfügbaren, *mehrstufigen Authentifizierung* (engl. *Multi-Factor Authentication, MFA*) noch weiter absichern. Vorausgesetzt wird hier ein - in der Regel kostenpflichtiges - Abonnement der Microsoft Azure AD Premium-Edition. Zusätzlich lässt sich die Authentifizierung durch Richtlinien für den *bedingten Zugriff* (engl. *Conditional Access*) in Azure AD mit weiteren Faktoren, wie zum Beispiel der Zugehörigkeit bestimmter Sicherheitsgruppen definieren.

INTERNET! Weitere Informationen zur Verwendung der mehrstufigen Authentifizierung und des bedingten Zugriffs in Azure AD erhalten Sie im Internet unter:

https://docs.microsoft.com/de-de/azure/active-directory/conditional-access/overview

3.2.5 Einmaliges Anmelden (SSO) konfigurieren

Das *„Einmalige Anmelden"* (engl. *Single Sign-On, SSO*) in den Windows-Betriebssystemen erlaubt es einem Benutzer, dass dieser nach dem Anmelden am betreffenden Computersystem ohne nochmalige Eingabe der Anmeldeinformationen beispielsweise den Zugriff auf das Windows Admin Center (WAC) erhalten kann. Wenn das Windows Admin Center (WAC) auf einem Computer unter Windows 10 installiert wird, so ist der Zugriff darauf mithilfe der Funktion des *„Einmaligen Anmeldens"* (engl. *Single Sign-On, SSO*) bereits möglich. Wenn man das WAC jedoch im Gateway-Modus auf einem Serversystem unter Windows Server 2016 oder

Konfiguration - nur beim „Gateway"-Modus notwendig

Windows Server 2019 installiert, so muss man das einmalige Anmelden für die Verwendung zunächst einrichten. Hierzu verwendet man eine *Kerberos-Delegierung* (engl. *Constrained Delegation*) in der Active Directory-Domänendienste-Umgebung, um den Gateway-Computer für alle die zu verwaltenden Computern als vertrauenswürdig zu konfigurieren.

Gehen Sie wie folgt vor, um den Gateway-Computer innerhalb einer Active Directory-Domäne gegenüber allen darin vorhandenen Serversystemen mithilfe einer Kerberos-Delegierung als vertrauenswürdig zu konfigurieren:

1. Starten Sie auf die ***Windows-PowerShell*** mit *Domänenadministrator-Rechten* auf einem der vorhandenen Domänencontroller.
2. Geben Sie in der *Windows PowerShell* die drei folgenden Befehle ein, und drücken Sie anschließend jeweils die **Eingabetaste**:

```
$gateway = „WACGATEWAYSERVER“

$gatewayObject = Get-ADComputer -Identity $gateway

Get-ADComputer -filter {operatingsystem -like „*server*“ `
   -and iscriticalsystemobject -ne $true} -properties `
    ipv4Address | where {(!($PSItem.ipv4address
      -eq $null))} | Set-ADComputer `
        -PricipalsAllowedToDelegateToAccount $gatewayObject
```

In diesem oberen Beispiel wird für das WAC-Gateway („WACGATEWAY-SERVER“) die Kerberos-Delegierung für alle diejenigen Computersysteme innerhalb einer Active Directory-Domäne konfiguriert, welche anhand des jeweiligen Betriebssystems als „Servercomputer“ („*server*“) herausgefiltert werden. Gleichermaßen kann man vorgehen, um auch alle in der Domäne vorhandenen Clientcomputer in die Delegierung mit einzubeziehen.

HINWEIS! Weitere Details zur *Kerberos-Delegierung* (engl. *Constrained Delegation*) in den Active Directory-Domänendiensten entnehmen Sie bitte der Windows-Hilfe.

3.2.6 Konfiguration der rollenbasierten Zugriffssteuerung (RBAC)

Standardmäßig benötigt man für die Verwendung des Windows Admin Center (WAC) jeweils vollständige, lokale Administratorrechte auf den zu verwaltenden Computersystemen. Dies ermöglicht es, sich mit dem WAC mittels einer Remoteverbindung auf den zu verwaltenden Computer aufzuschalten, und ihn seitens seiner Systemeinstellungen oder auch der womöglich vorhandenen Features und Rollen ganz nach Bedarf zu konfigurieren.

Wenn man bestimmten Benutzern zur Verwaltung bestimmter Einstellungen oder Rollen lediglich eingeschränkte Rechte zuweisen möchte, so kann man auf die *rollenbasierte Zugriffssteuerung* (engl. *Role Based Access Control, RBAC*) zurückgreifen. Mittels *RBAC* kann man den betreffenden Benutzern lediglich eingeschränkte, ganz auf ihre Verwaltungsrolle hin ausgerichtete Verwaltungsrechte zuweisen. Dies geschieht anhand der Konfiguration eines *Just Enough Administration (JEA)*-Endpunktes auf jedem der zu verwaltenden Computersysteme mithilfe der Windows PowerShell. Dieser JEA-Endpunkt definiert die Rollen, den Umfang der Verwaltungsmöglichkeiten der einzelnen Rollen, sowie auch die Zuweisung der Rollen an die einzelnen Benutzer.

Realisierung mittels JEA-Endpunkt

3.2.6.1 Schritte zum Einrichten der rollenbasierten Zugriffssteuerung (RBAC)

Das Einrichten der rollenbasierten Zugriffssteuerung erfolgt in den folgenden zwei Schritten:

- Aktivierung der Unterstützung von RBAC auf den Zielcomputern,
- Zuweisen von Benutzern zu den notwendigen Rollen.

HINWEIS! Zur Konfiguration der rollenbasierten Zugriffssteuerung (engl. *Role Based Access Control, RBAC*) muss man über Administratorrechte auf dem betreffenden Computer verfügen.

3.2.6.2 Anwenden der rollenbasierten Zugriffssteuerung auf einen einzelnen Computer

In einer kleineren Netzwerkumgebung, in der die *rollenbasierte Zugriffssteuerung* (*RBAC*) in Verbindung mit dem Zugriff auf das Windows Admin Center (WAC) lediglich auf einzelne Computersysteme angewendet werden soll, lässt sich dies mit einfachen Schritten realisieren.

Während der Konfiguration eines Computersystems für die Unterstützung der *rollenbasierten Zugriffssteuerung* (*RBAC*) für das Windows Admin Center (WAC) werden daran die folgenden Änderungen vorgenommen:

- Verschiedene ***Windows PowerShell-Module***, die für die Verwaltung mithilfe des Windows Admin Center (WAC) notwendig sind, werden auf dem betreffenden Computer im folgenden Dateipfad installiert:

  `C:\Programme\WindowsPowerShell\Modules`

  Die installierten *Windows PowerShell-Module* beginnen dabei allesamt mit dem Namen **Microsoft.Sme**

- *Desired State Configuration* führt eine einmalige Konfiguration aus, um einen ***Just Enough Administration (JEA)-Endpunkt*** auf dem betreffenden Computer mit der Bezeichnung **Microsoft.Sme.PowerShell** einzurichten. Dieser Endpunkt definiert drei unterschiedliche, vom Windows Admin Center (WAC) verwendete Rollen, und führt darüber hinaus beim Verbinden durch einen Benutzer ein temporäres Administratorkonto aus.

- ***3 neue, lokale Sicherheitsgruppen*** werden angelegt, um Benutzern durch die jeweilige Zuordnung entsprechende, der betreffenden Gruppe zugewiesene Rechte zuzuordnen. Diese Rollen sind:
  - **Windows Admin Center Administrators**
  - **Windows Admin Center Hyper-V Administrators**
  - **Windows Admin Center Readers**

Schritte zum Aktivieren der rollenbasierten Zugriffssteuerung

Das Anwenden der *rollenbasierten Zugriffssteuerung* (*RBAC*) auf ein einzelnes Computersystem erfordert administrative Rechte auf dem betreffenden System, und lässt sich mit einfachen Schritten umsetzen.

Gehen Sie wie folgt vor, um die rollenbasierte Zugriffssteuerung (RBAC) auf einem einzelnen, mit dem Windows Admin Center (WAC) zu verwaltenden Computersystem bereitzustellen:

1. Öffnen Sie das *Windows Admin Center*, und verbinden Sie sich mit Administratorrechten auf das betreffende Computersystem, auf dem die rollenbasierte Zugriffssteuerung (RBAC) bereitgestellt werden soll.
2. Klicken Sie in der Übersicht auf **Einstellungen**, und dann auf **Rollenbasierte Zugriffssteuerung**.
3. Klicken Sie zum Aktivieren der rollenbasierten Zugriffssteuerung auf **Übernehmen**.

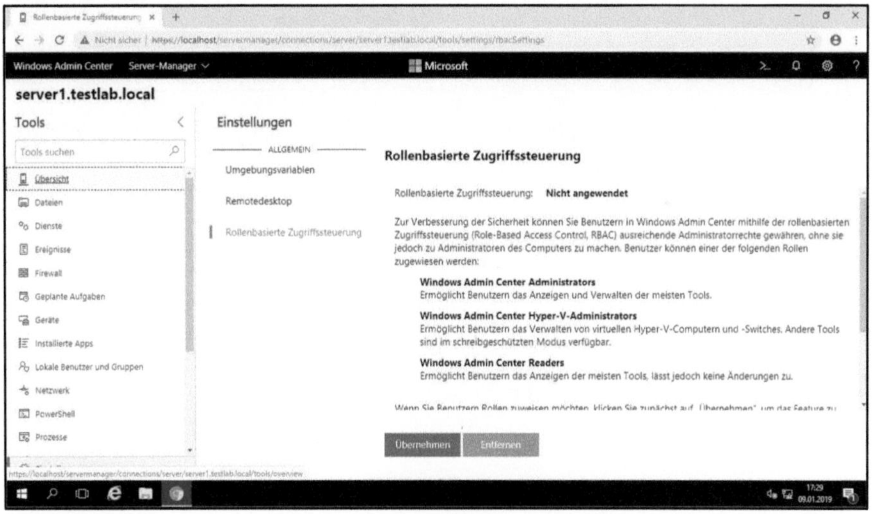

Abb. 3.4: *Aktivierung der rollenbasierten Zugriffssteuerung (RBAC) für ein Serversystem im Windows Admin Center (WAC)*

4. Bestätigen Sie den Neustart des *WinRM-Dienstes* durch einen Klick auf **Ja**. Anschließend wird das Feature aktiviert, und es werden die

Sicherheitsgruppen für die rollenbasierte Zugriffssteuerung erstellt. Dieser Vorgang kann bis zu zehn Minuten dauern. Während dieser Zeit wird unter anderem auch der *WinRM-Dienst* auf dem betreffenden Computer neu gestartet.

5. Aktualisieren Sie den Webbrowser bis der Status der rollenbasierten Zugriffssteuerung als „**Angewendet**" angezeigt wird.

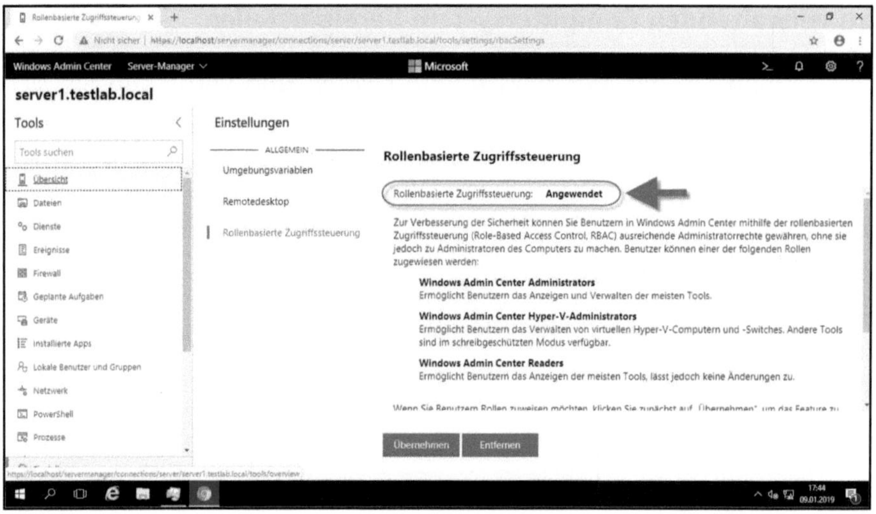

Abb. 3.5: *Status der rollenbasierten Zugriffssteuerung (RBAC) im Windows Admin Center (WAC)*

Zuweisung von Benutzern zu Verwaltungsrollen

Nach dem Aktivieren der rollenbasierten Zugriffssteuerung (RBAC) kann man Benutzern nun die notwendigen Verwaltungsrollen zuweisen. Dabei kann man den Verwaltungsrollengruppen des WAC neben lokalen beispielsweise auch Domänenbenutzerkonten hinzufügen.

Gehen Sie wie folgt vor, um Benutzern nach der Aktivierung der rollenbasierten Zugriffssteuerung die jeweils vorgesehenen Verwaltungsrollen zuzuweisen:

1. Wechseln Sie im Windows Admin Center (WAC) unter **Tools** in den Abschnitt *Lokale Benutzer und Gruppen* des zu konfigurierenden Computersystems.

2. Klicken Sie auf den Abschnitt **Gruppen**, und dann auf die gewünschte Gruppe, beispielsweise **Windows Admin Center Administrators**.

3. Klicken Sie im unteren Detailabschnitt der jeweiligen Gruppe auf **Benutzer hinzufügen**, geben Sie den *Namen* des Benutzers oder der Sicherheitsgruppe an, und klicken Sie anschließend auf **OK**.

Das neu hinzugefügte Benutzerkonto wird in den Details der jeweiligen WAC-Verwaltungsgruppe angezeigt.

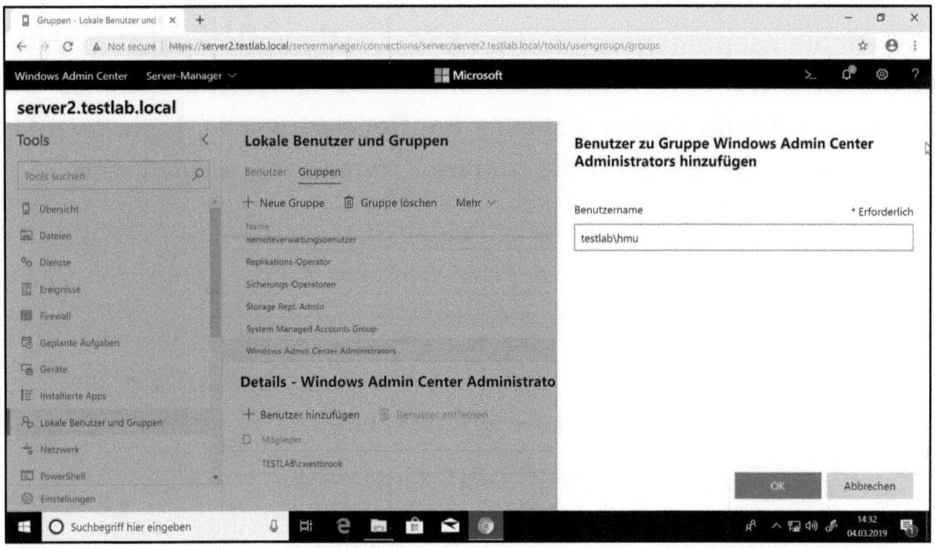

Abb. 3.6: *Hinzufügen von Benutzern zu den WAC-Verwaltungsgruppen*

3.2.6.3 Anwenden der rollenbasierten Zugriffssteuerung auf mehrere Computersysteme

In einer größeren Netzwerkumgebung, in der die rollenbasierte Zugriffssteuerung (RBAC) in Verbindung mit dem Zugriff auf das Windows Admin Center (WAC) gleich auch auf mehrere Computersysteme angewendet

Vereinfacht durch den Einsatz eines Skripts

werden soll, lässt sich dies etwas differierend, jedoch sicher auch mit überschaubarem Aufwand realisieren. In solchen Umgebungen verwendet man ein von einem Windows Admin Center-Gateway herunterladbares Skript, das man zur Konfiguration der Computersysteme beispielsweise mithilfe der Windows PowerShell-DSC (Desired State Configuration) verwenden kann.

Herunterladen des RBAC-Konfigurationspaketes

Die RBAC-Konfigurationsinformationen können mithilfe der Windows PowerShell und dem Windows Admin Center (WAC) als komprimiertes Paket für die anschließende Konfiguration von Computersystemen heruntergeladen und gespeichert werden.

Gehen Sie wie folgt vor, um das RBAC-Konfigurationspaket mithilfe der Windows PowerShell von einem Serversystem, welches als Windows Admin Center Gateway konfiguriert wurde, herunterzuladen und als ZIP-Datei für die spätere Verwendung zu speichern:

1. Melden Sie sich an dem betreffenden Serversystem als *Administrator* mit Zugriffsberechtigung auf das Windows Admin Center (WAC) an, und starten Sie die *Windows PowerShell*.

2. Geben Sie den folgenden Befehl in der *Windows PowerShell* ein, und drücken Sie anschließend die **Eingabetaste**:

   $WACGateway = 'https://<*WAC-Servername*>**'**
   (beispielsweise: **$WACGateway = 'https://***wac.testlab.local***'**)

3. Geben Sie den folgenden Befehl in der *Windows PowerShell* ein, und drücken Sie anschließend die **Eingabetaste**:

```
Invoke-RestMethod -Uri "$WACGateway/api/nodes/all/features/jea/endpoint/export" -Method POST `
-UseDefaultCredentials -OutFile `
"c:\WindowsAdminCenter_RBAC.zip"
```

Nach der Ausführung der vorherigen Befehle in der Windows PowerShell steht das RBAC-Konfigurationspaket unter dem Namen *„WindowsAdmin-Center_RBAC.zip"* im Pfad *C:* zur anschließenden Verwendung bereit.

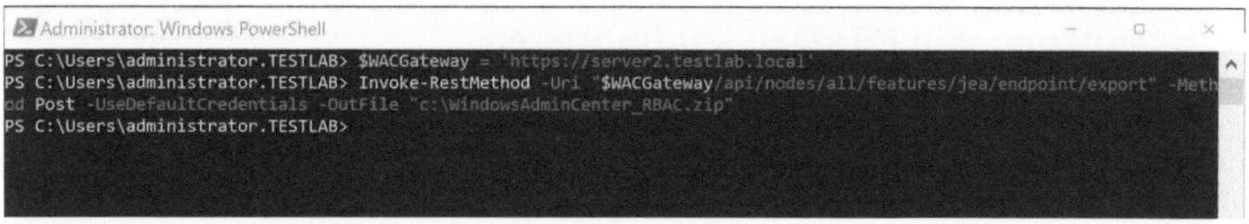

Abb. 3.7: *Herunterladen und Speichern des RBAC-Konfigurationspaketes mithilfe der Windows PowerShell*

Die zuvor vom WAC-Gateway auf den Server heruntergeladene und gespeicherte ZIP-Datei beinhaltet die folgenden Elemente:

- **JustEnoughAdministration** (Verzeichnis)
- **Microsoft.SME.Jea** (Verzeichnis)
- **Modules** (Verzeichnis)
  - **Microsoft.SME.*** (Verzeichnisse)
  - **WindowsAdminCenter.Jea** (Verzeichnis)
- **InstallJeaFeatures.ps1** (Skriptdatei)

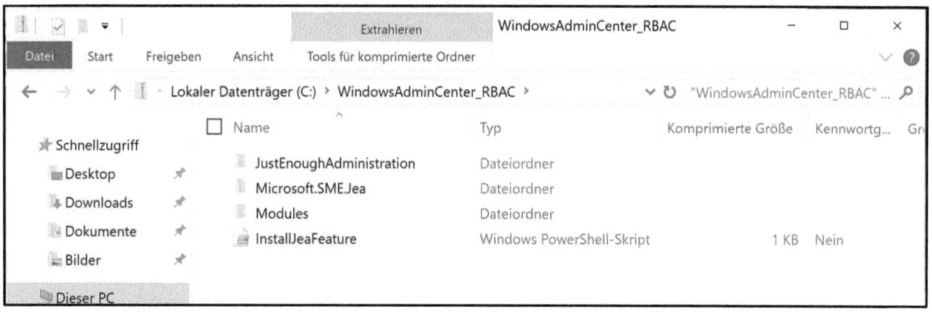

Abb. 3.8: *Umfang des RBAC-Konfigurationspaketes*

Konfiguration von RBAC für einen einzelnen Computer

Gehen Sie nach dem Herunterladen und Speichern des RBAC-Konfigurationspaketes wie folgt vor, um einen einzelnen Computer für die Unterstützung von RBAC zu konfigurieren:

1. Entpacken Sie die Inhalte der zuvor heruntergeladenen ZIP-Datei (*WindowsAdminCenter_RBAC.zip*).
2. Kopieren Sie nach dem Entpacken die folgenden Verzeichnisse in den Standardpfad (*C:\Program Files\WindowsPowerShell\Modules)* für die Windows PowerShell-Module auf dem zu konfigurierenden Zielcomputer:

   JustEnoughAdministration

   Microsoft.SME.*

   WindowsAdminCenter.Jea

3. Passen Sie die Datei *InstallJeaFeature.ps1* auf Ihre Bedürfnisse rund um die gewünschten Einstellungen für den RBAC-Endpunkt an.
4. Führen Sie die Datei *InstallJeaFeature.ps1* in der *Windows PowerShell* aus, um die DSC-Ressource zu kompilieren.
5. Wenden Sie die *DSC-Konfiguration* zum Verteilen der zuvor exportierten RBAC-Konfiguration für das WAC auf alle zu konfigurierenden Computer an.

INTERNET! Die notwendigen Details zum Anwenden der zuvor exportierten RBAC-Konfiguration auf mehrere Computer stehen im Internet unter der folgenden Adresse bereit:

https://docs.microsoft.com/en-us/windows-server/manage/windows-admin-center/configure/user-access-control

3.3 Erweiterungen des WAC

Das Windows Admin Center (WAC) lässt sich im Bedarfsfall um Erweiterungen ergänzen, die man installieren, deinstallieren oder auch einzeln aktualisieren kann. Die neuen Erweiterungen können dabei von Microsoft oder auch von anderen Entwicklern stammen. Diese Erweiterungen umfassen unter anderem die Möglichkeiten zur erweiterten Analyse von den mit dem WAC verwalteteten Computersystemen. Details hierzu finden sich in den Beschreibungen der jeweils verfügbaren Erweiterungen.

Erweiterte Analyse und mehr

WICHTIG! Installierte Erweiterungen werden bei der Aktualisierung des Windows Admin Center (WAC) in der aktuell verfügbaren Version des WAC (noch) nicht beibehalten. Diese müssen nach der Installation einer aktuelleren Version des Windows Admin Center (WAC) standardmäßig neu installiert werden.

3.3.1 Installieren einer Erweiterung

Die Installation von möglichen Erweiterungen kann man gleich im grafischen Windows Admin Center (WAC) durchführen. Diese Erweiterungen stehen unter den *Einstellungen* des WAC im Abschnitt *Erweiterungen* zur Verfügung. Die Installation von Erweiterungen für das WAC setzt die entsprechenden, administrativen Rechte voraus.

Administrative Rechte vorausgesetzt

HINWEIS! Die Installation von Erweiterungen für das Windows Admin Center (WAC) anhand der folgenden Schritte setzt in der Regeln eine Verbindung zum Internet voraus. Microsoft stellt diese Erweiterungen im Internet unter dem folgenden Feed zum Download zur Verfügung:

https://msft-sme.myget.org/gallery/windows-admin-center-feed

Im darauf folgenden Abschnitt dieses Kapitels werden dann auch die Schritte beschrieben, die notwendig werden, um Erweiterungen für das Windows Admin Center (WAC) auf Computersystemen ohne direkte Internetverbindung zu installieren.

Gehen Sie wie folgt vor, um Erweiterungen für das Windows Admin Center (WAC) zu installieren:

1. Melden Sie sich am betreffenden Serversystem als *Administrator* an, und verbinden Sie sich mithilfe des Webbrowsers mit dem *Windows Admin Center (WAC)*.

2. Klicken Sie in der oberen, rechten Ecke des WAC auf **Einstellungen**, und dann auf der linken Seite auf **Erweiterungen**.

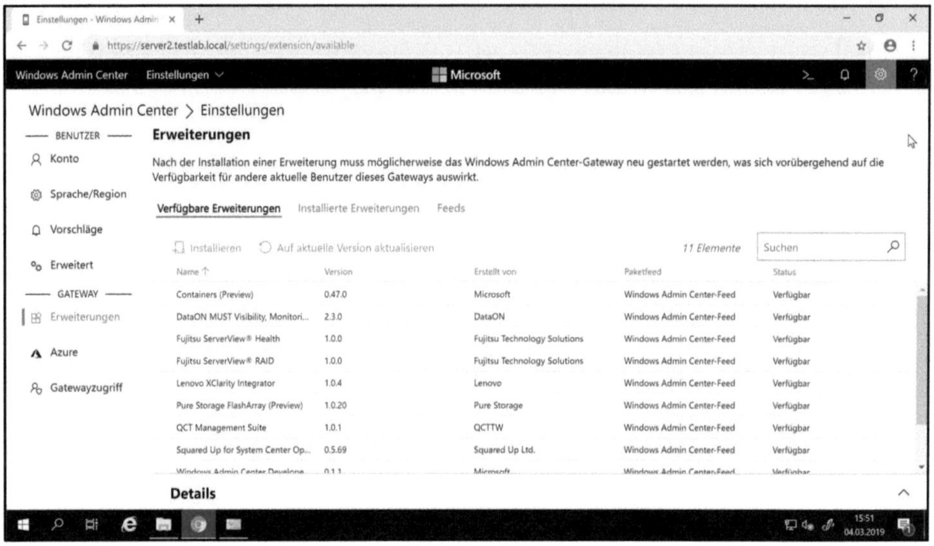

Abb. 3.9: *Für die Installation verfügbare Erweiterungen im Windows Admin Center (WAC)*

3. Klicken Sie auf die gewünschte *Erweiterung*, und dann auf **Installieren**.

4. Bestätigen Sie die Installation mit einem Klick auf **Bestätigen**.

Nach Abschluss der Installation der ausgewählten Erweiterung wird der Webbrowser automatisch aktualisiert. Das Windows Admin Center (WAC) wird anschließend mitsamt der neuen Erweiterung automatisch neu geladen.

Die zuvor installierte Erweiterung kann man sich durch einen Klick im Abschnitt *Erweiterungen* auf **Installierte Erweiterungen** anzeigen lassen.

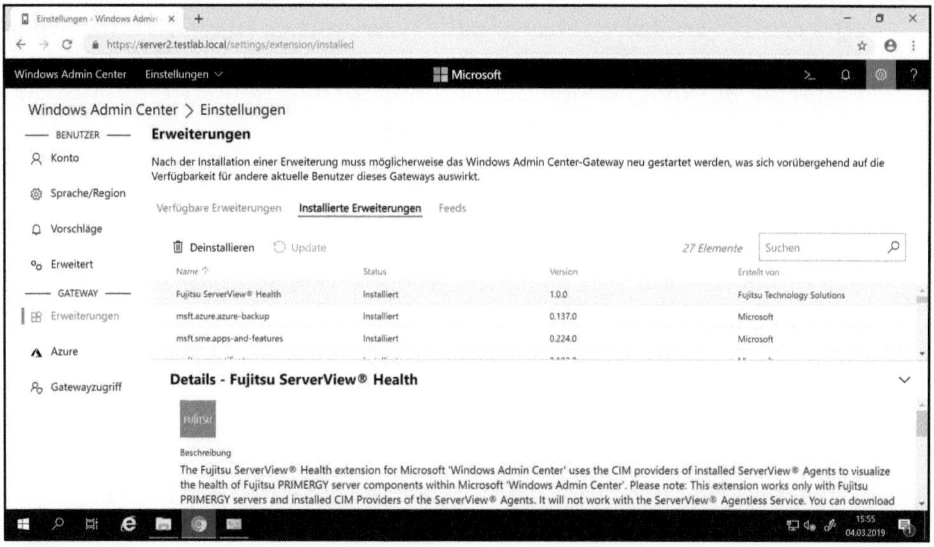

Abb. 3.10: *Installierte Erweiterungen des Windows Admin Center (WAC)*

3.3.2 Installieren von Erweiterungen auf einem Computer ohne Internetzugang

Die optional verfügbaren Erweiterungen für das Windows Admin Center (WAC) können im Bedarfsfall auch auf Computersystemen installiert werden, die über keine direkte Verbindung zum Internet verfügen. Hierzu kann man die gewünschten Erweiterungen von einem beliebigen Computersystem mit Internetverbindung als Pakete aus dem Internet manuell herunterladen und lokal abspeichern. Anschließend kann man diese Erweiterungen dem Serversystem mit dem Windows Admin Center mithilfe einer Dateifreigabe oder auch mithilfe eines USB-Speicherlaufwerks für die „Offline"-Installation zur Verfügung stellen.

Installation ohne Internetzugang möglich

Gehen Sie wie folgt vor, um die im Internet verfügbaren Erweiterungen für das Windows Admin Center (WAC) herunterzuladen, und es anschließend auf einem Computersystem ohne direkte Internetverbindung bereitzustellen:

1. Verbinden Sie sich zunächst von einem Computersystem mit Internetverbindung auf die folgende Webseite im Internet:

https://msft-sme.myget.org/gallery/windows-admin-center-feed

2. Klicken Sie auf den *Namen* der herunterzuladenden Erweiterung, und klicken Sie anschließend auf **Download**.
3. Kopieren Sie die *Paketdateien* in eine Dateifreigabe, oder speichern Sie diese alternativ auf einem USB-Speicherlaufwerk, um diese für die anschließende Installation mithilfe des Windows Admin Center (WAC) bereitzustellen.
4. Melden Sie sich am betreffenden Serversystem ohne Internetzugang als *Administrator* an, und verbinden Sie sich mithilfe des Webbrowsers mit dem *Windows Admin Center (WAC)*.
5. Klicken Sie in der oberen, rechten Ecke des WAC auf **Einstellungen**, und dann auf der linken Seite auf **Erweiterungen**.
6. Klicken Sie auf **Feeds**, und dann auf **+ Hinzufügen**, um den Speicherplatz anzugeben, in dem die zu installierenden Erweiterungen als Dateien gespeichert sind.
7. Geben Sie den *URL oder den Pfad* an, in dem die Dateien gespeichert sind, und klicken Sie anschließend auf **Hinzufügen**.
8. Die in dem Speicherort vorhandenen *Erweiterungen* werden im Abschnitt *Verfügbare Erweiterungen* angezeigt, und können auf dem Serversystem installiert werden.

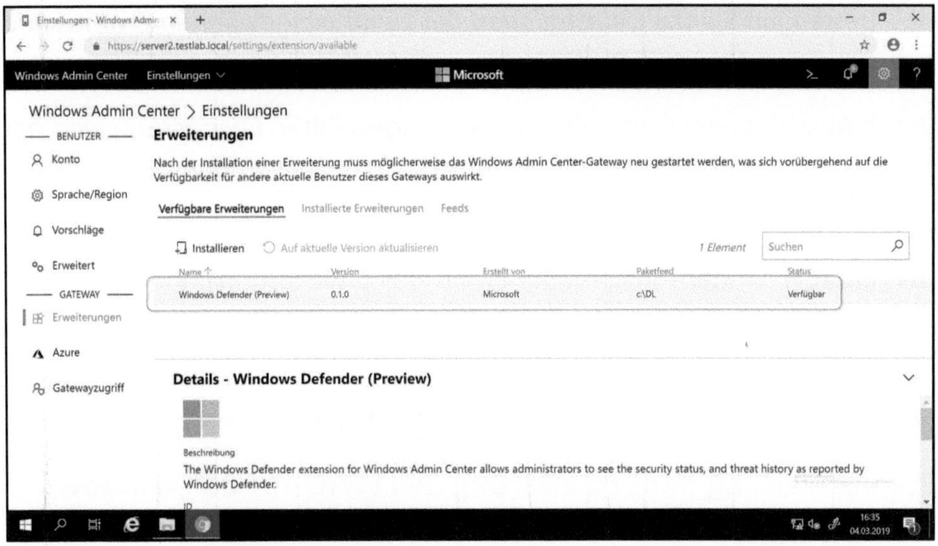

Abb. 3.11: *Verfügbare Erweiterung im Windows Admin Center (WAC) in einem alternativen Speicherort*

3.3.3 Deinstallieren einer Erweiterung

Die zuvor im Windows Admin Center (WAC) installierten Erweiterungen können im Bedarfsfall jederzeit wieder daraus entfernt werden. Hierzu benötigt man - wie bereits auch bei der Installation der Erweiterung - die notwendigen, administrativen Rechte.

Gehen Sie wie folgt vor, um eine zuvor installierte Erweiterung wieder aus dem Windows Admin Center (WAC) zu entfernen:

1. Melden Sie sich am betreffenden Serversystem als *Administrator* an, und verbinden Sie sich mithilfe des Webbrowsers mit dem *Windows Admin Center (WAC)*.

2. Klicken Sie in der oberen, rechten Ecke des WAC auf **Einstellungen**, und dann auf der linken Seite auf **Erweiterungen**.

3. Klicken Sie auf **Installierte Erweiterungen**, dann auf die zu entfernende *Erweiterung*, und anschließend auf **Deinstallieren**.

4. Bestätigen Sie die *Deinstallation* der zuvor ausgewählten Erweiterung mit einem Klick auf **Bestätigen**.

Nach Abschluss der Deinstallation der ausgewählten Erweiterung wird der Webbrowser automatisch aktualisiert. Das *Windows Admin Center (WAC)* wird anschließend automatisch neu geladen.

INTERNET! Weitere Informationen zu der Erweiterungsmöglichkeit des Windows Admin Center (WAC) erhalten Sie im Internet unter:

https://docs.microsoft.com/de-de/windows-server/manage/windows-admin-center/extend/extensibility-overview

3.3.4 Verwaltung der Erweiterung des WAC mit der Windows PowerShell

Die Erweiterungen des Windows Admin Center (WAC) können alternativ zur grafischen Verwaltung mittels Webbrowser auch mithilfe der Windows PowerShell verwaltet werden. Sinnvoll ist dies sicher, wenn nicht einzelne, sondern gleich mehrere Erweiterungen verwaltet werden sollen. Hierzu steht im Windows Admin Center (WAC) ein *Windows PowerShell-Modul* zur Verwaltung der *Gateway-Erweiterungen* zur Verfügung.

HINWEIS! Die Verwaltung von Gateway-Erweiterungen mit der Windows PowerShell wird nur bei der Bereitstellung des Windows Admin Center Gateway auf einem Windows-Serversystem unterstützt.

Das *Windows PowerShell-Modul* für die Verwaltung der Gateway-Erweiterungen steht auf einem Windows-Serversystem nach der Installation des *Windows Admin Center Gateway* im folgenden Pfad zur Verfügung:

C:\Program Files\Windows Admin Center\Powershell\Modules\ExtensionTools

Die in dem *Windows PowerShell-Modul* enthaltenen Befehle kann man sich unter Verwendung der folgenden Cmdlets gleich auch in der Windows PowerShell anzeigen lassen:

```
Import-Module „$env: ProgramFiles\windows admin center\
PowerShell\Modules\ExtensionTools“
```

```
Get-Command -Module ExtensionTools
```

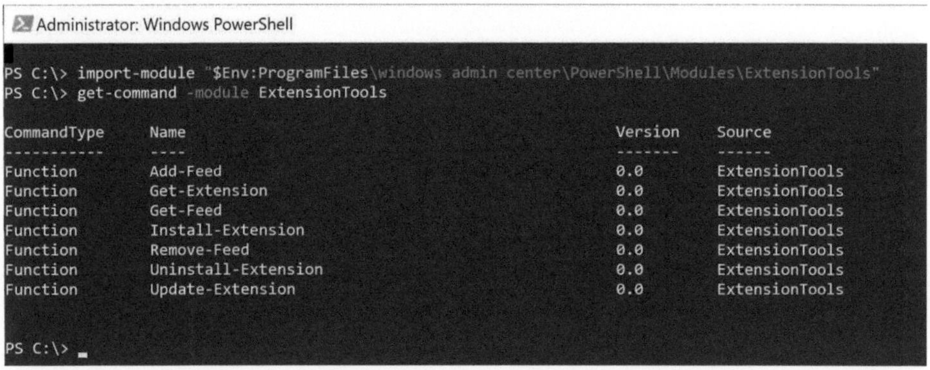

Abb. 3.12: *Windows PowerShell-Befehle zur Verwaltung von Erweiterungen für das Windows Admin Center (WAC)*

INTERNET! Weitere Informationen zur Verwaltung der Erweiterungen des Windows Admin Center (WAC) mithilfe der Windows PowerShell erhält man im Internet unter:

https://docs.microsoft.com/de-de/windows-server/manage/windows-admin-center/configure/using-extensions#installing-extensions-from-a-different-feed

3.4 Konfigurieren der Microsoft Azure-Integration

Registrierung des WAC-Gateway in der Cloud notwendig

Das Windows Admin Center (WAC) unterstützt verschiedene der in der Microsoft Azure-Cloud im Internet vorhandenen Features. Diese lassen sich im Bedarfsfall direkt in das WAC integrieren. Damit das Windows Admin Center Gateway in der Lage ist, sich mit Microsoft Azure zum Beispiel für die Authentifzierung mithilfe von Azure Active Directory (Azure AD) zu verbinden, muss man das Windows Admin Center Gateway zunächst in der Azure-Cloud registrieren. Anschließend kann man die Azure-Features in das Windows Admin Center (WAC) integrieren.

INTERNET! Details zur Integration der in der Microsoft Azure-Cloud verfügbaren Features in das Windows Admin Center (WAC) finden sich neben diesem Fachbuch direkt auch auf der Webseite von Microsoft im Internet unter:

https://docs.microsoft.com/de-de/windows-server/manage/windows-admin-center/configure/azure-integration

3.4.1 Registrierung des Windows Admin Center (WAC) in Azure

Setzt Abonnement in der Azure-Cloud voraus

Damit man die verschiedenen Erweiterungen in Microsoft Azure, wie zum Beispiel Azure Backup, oder auch die Azure-Updateverwaltung direkt aus dem Windows Admin Center (WAC) heraus verwenden kann, muss man zunächst das für die Verwaltung verwendete Windows Admin Center Gateway in der Microsoft Azure-Cloud registrieren, und dabei mit einem bestehenden Azure-Abonnement verbinden. Dies kann in einfachen Schritten erfolgen.

Gehen Sie wie folgt vor, um das Windows Admin Center Gateway in der Microsoft Azure-Cloud im Internet zu registrieren:

1. Melden Sie sich - soweit noch nicht geschehen - am *Windows Admin Center Gateway* mithilfe des Webbrowsers im *Windows Admin Center* (WAC) mit administrativen Rechten an.

2. Klicken Sie zum Aufruf der *Einstellungen* des Windows Admin Center (WAC) in der oberen, rechten Ecke auf das **Einstellungssymbol** (*Zahnrad*-Symbol).

3. Klicken Sie in der linken Fensterhälfte auf **Azure**, und dann im Detailfenster unter *Bei Azure registrieren* auf **Registrieren**.

Abb. 3.13: *Option zum Registrieren des WAC Gateway in Azure*

4. Klicken Sie zum Registrieren des Windows Admin Center Gateway zunächst auf **Code kopieren**, und dann auf **Geräteanmeldung**.

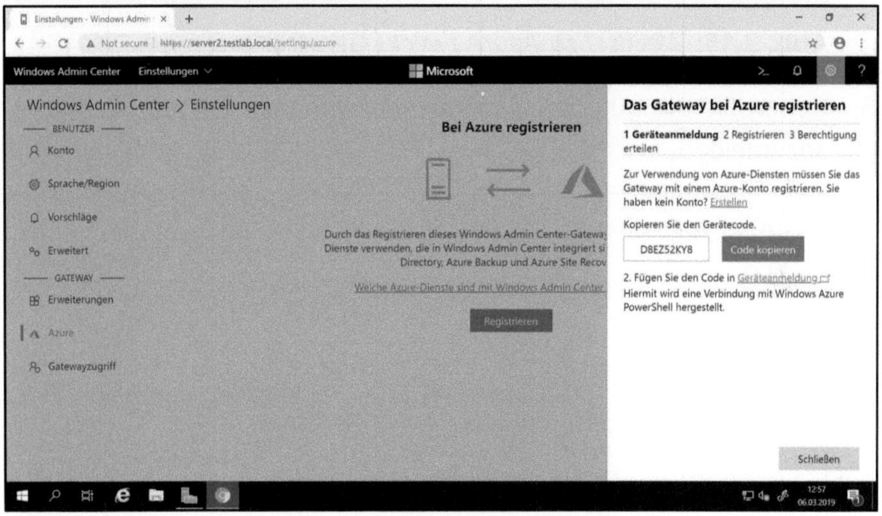

Abb. 3.14: *Gerätecode zur Geräteanmeldung in Azure*

5. Der Webbrowser verbindet sich über eine neue *Registerkarte* direkt mit der *Azure-Website* im Internet. Fügen Sie dort mithilfe der Tastenkombination **`Strg + V`** den zuvor kopierten Gerätecode in das entsprechende Datenfeld ein, und klicken Sie anschließend auf **Weiter**.

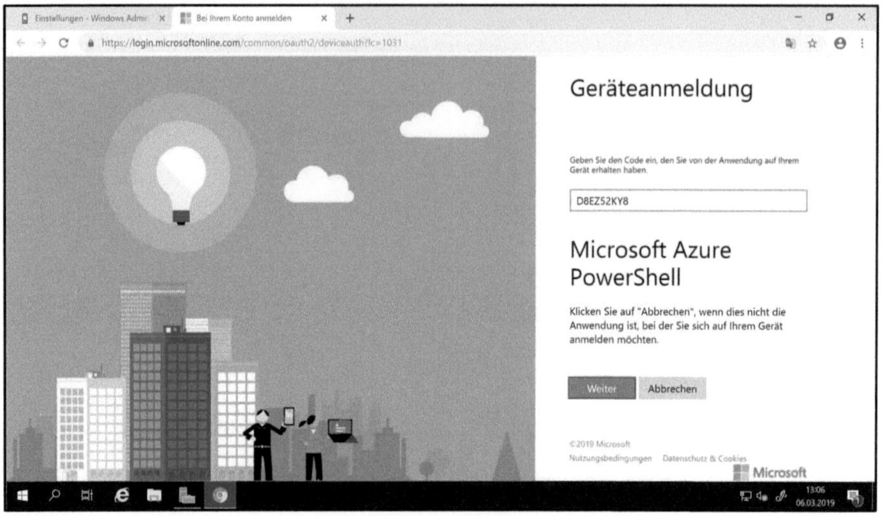

Abb. 3.15: *Wechsel zu Azure zwecks Geräteanmeldung*

6. Geben Sie die gültigen *Anmeldeinformationen* ein, um sich an Azure anzumelden.

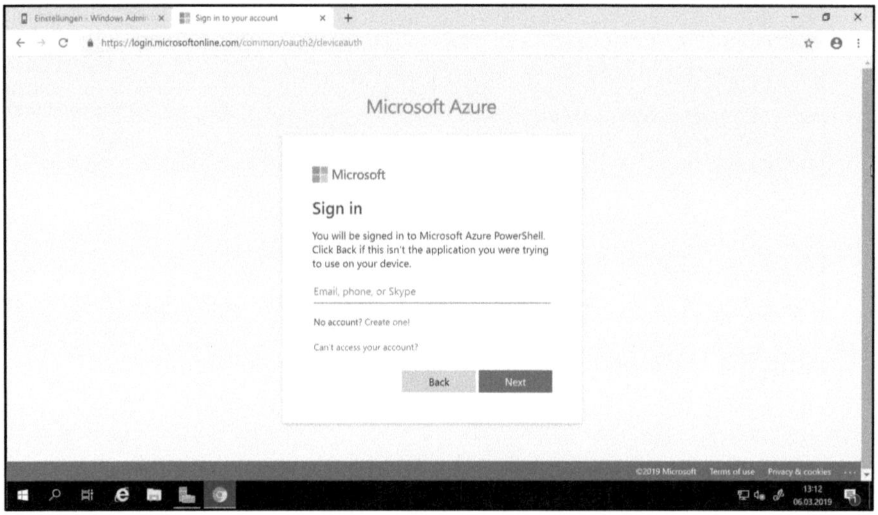

Abb. 3.16: *Anmeldedialog für den Zugang zur Azure-Cloud im Internet*

7. Wechseln Sie zurück zum *Register* des *Windows Admin Center* (WAC), und klicken Sie zum Registrieren des Windows Admin Center Gateway-Computers auf **Registrieren**.

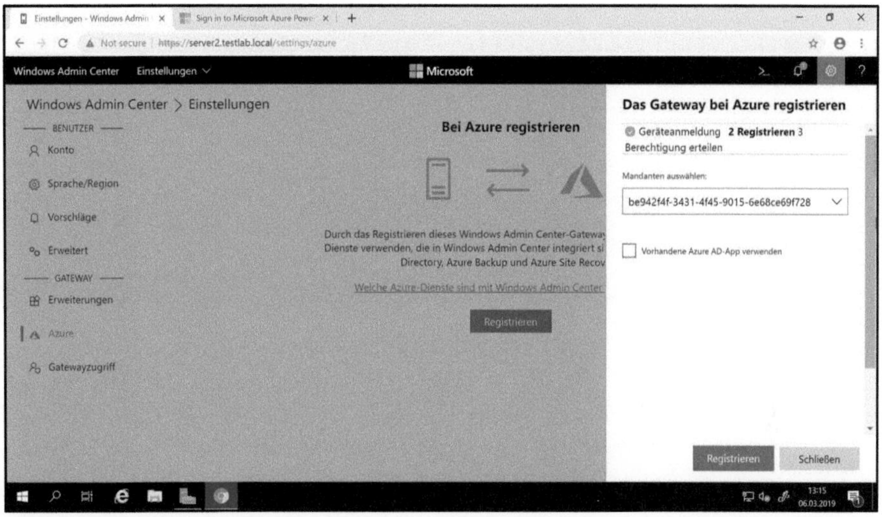

Abb. 3.17: *Auswahl des in Azure registrierten Mandanten (Abo)*

8. Nach der erfolgreichen Registrierung des Windows Admin Center Gateway-Computers in Azure klicken Sie auf die Verknüpfung **Zur Azure AD-App-Registrierung wechseln**, um diesem entsprechende Berechtigungen zu erteilen.

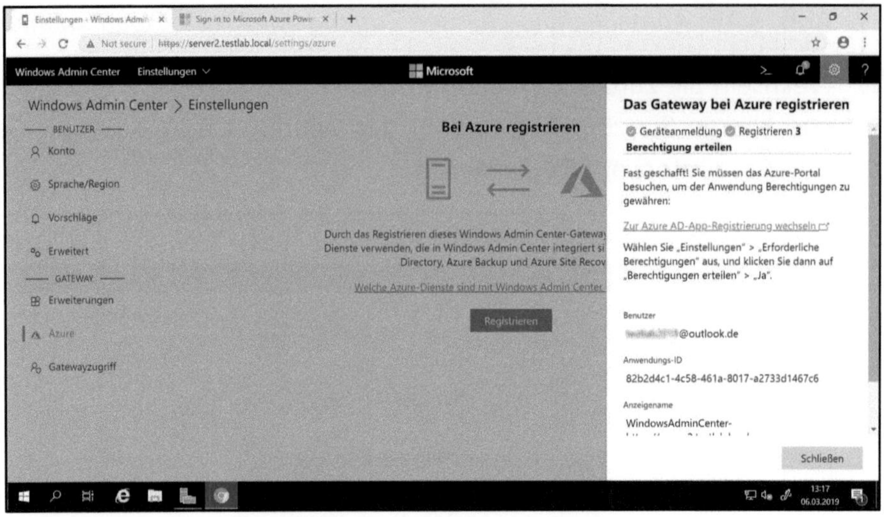

Abb. 3.18: *Option zum Wechsel in das Azure-Portal im Internet*

9. Klicken Sie im *Azure-Portal* im Abschnitt des *Windows Admin Center Gateway-Computers* auf **Settings** (Einstellungen).

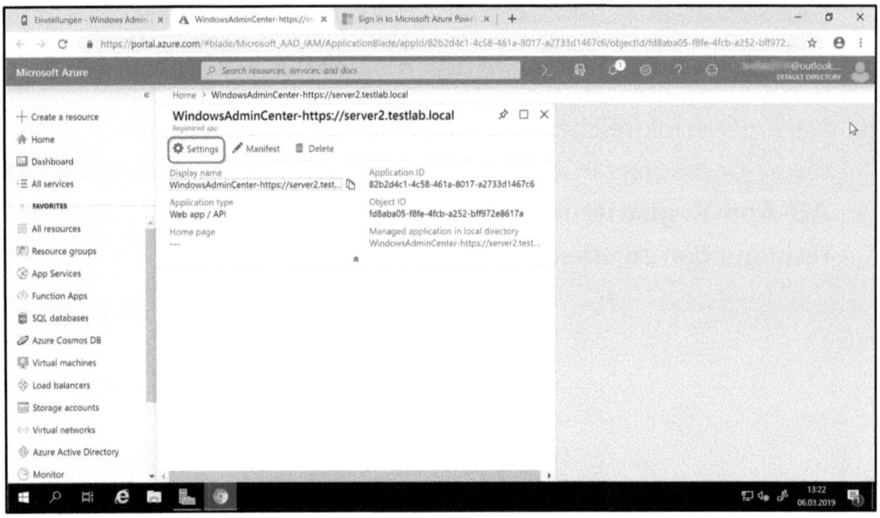

Abb. 3.19: *WAC-Gateway nach der Registrierung in der Azure-Cloud*

10. Klicken Sie im Abschnitt *Settings* (Einstellungen) auf **Required permissions**.

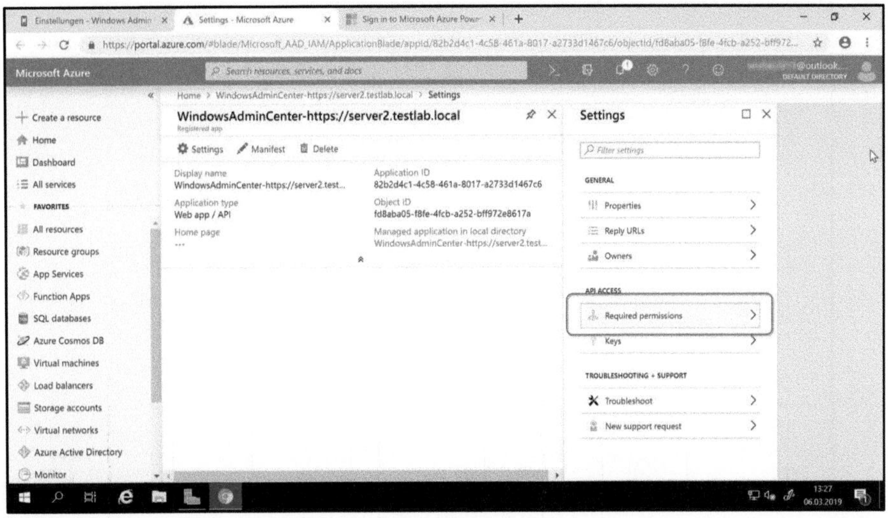

Abb. 3.20: *Einstellungen des WAC Gateway in Azure*

11. Klicken Sie unter *Required permissions* auf **Grand permissions**, um dem Windows Admin Center Gateway-Server die notwendigen Rechte in der Azure-Cloud zuzuweisen.

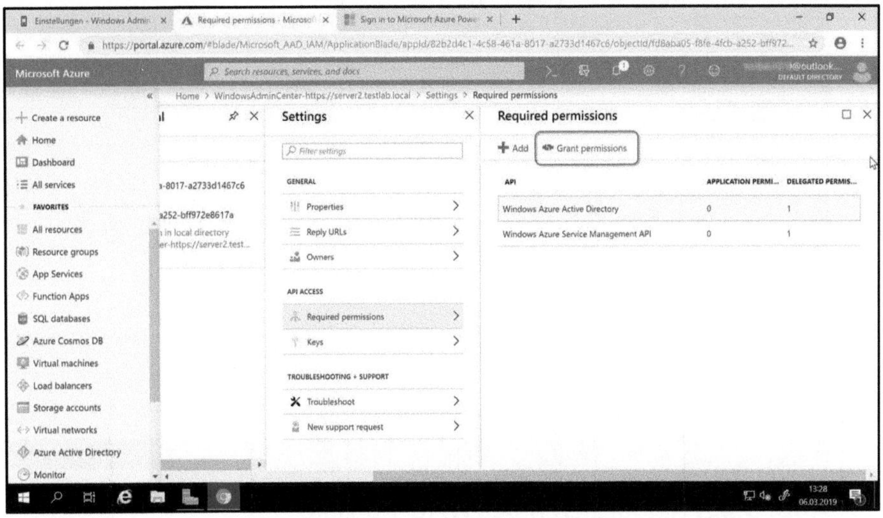

Abb. 3.21: *Rechtezuweisung fü das WAC-Gateway in Azure*

12. Bestätigen Sie den Vorgang mit einem Klick auf die Schaltfläche **Yes**.

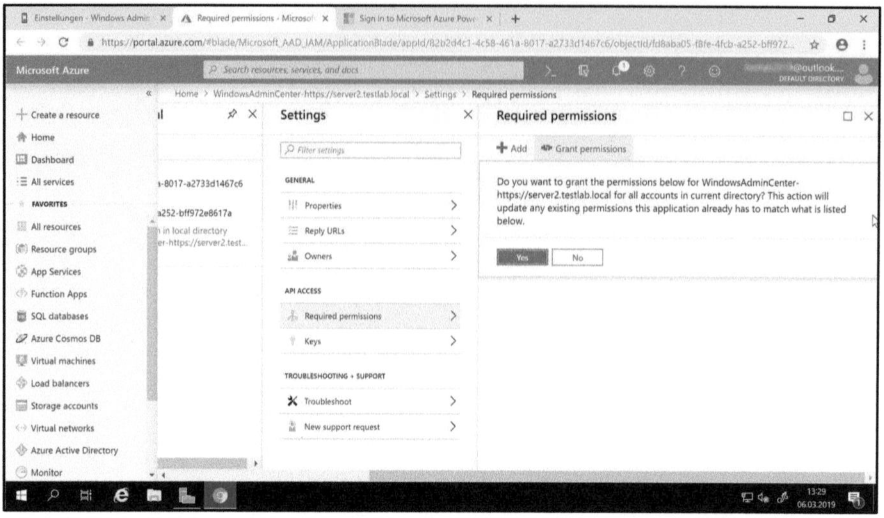

Abb. 3.22: *Bestätigung der Rechtezuweisung für das WAC-Gateway*

13. Wechseln Sie im Webbrowser zurück zum Register des *Windows Admin Center* (WAC), und klicken Sie auf die Schaltfläche **Schließen**.

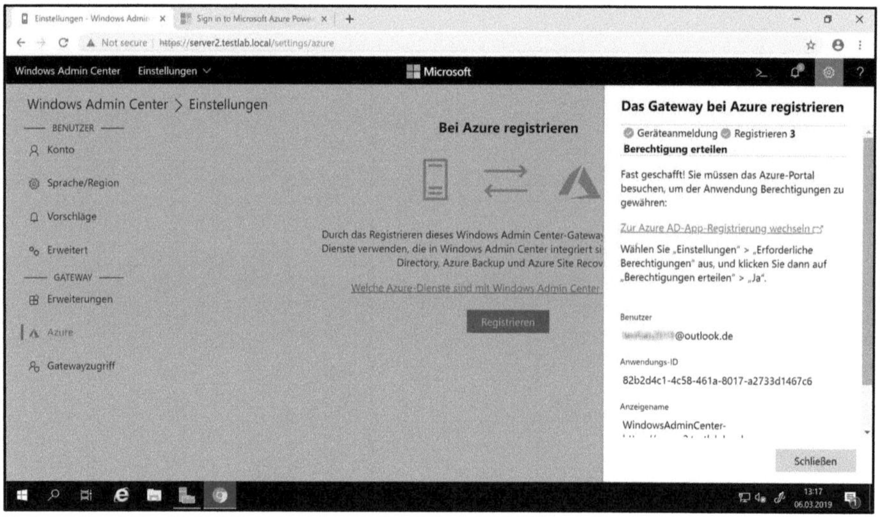

Abb. 3.23: *Aktualisieren der WAC-Konsole*

14. Die erfolgreiche Registrierung des Windows Admin Center Gateway wird in den *Einstellungen* des Windows Admin Center (WAC) im Abschnitt *Azure* angezeigt.

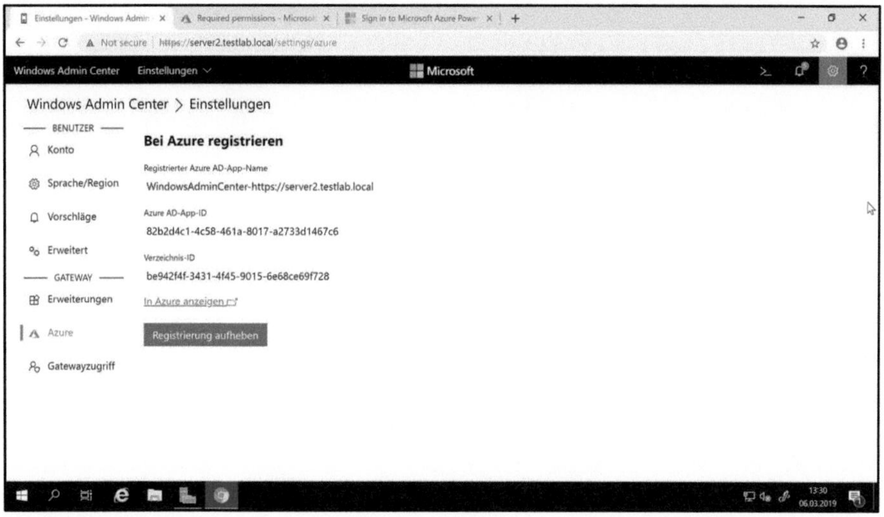

Abb. 3.24: *Einstellungen nach der Registrierung des WAC-Gateway*

Das Windows Admin Center (WAC) ist seitens des *Windows Admin Center Gateway* nun in *Azure* registriert, so dass man nun auch auf die erweiterten Funktionen, wie zum Beispiel Azure Backup, die Azure-Updateverwaltung oder die Authentifizierung von Anmeldevorgängen mithilfe von Azure Active Directory (AAD) zurückgreifen kann.

Nutzung erweiterter Funktionen in Azure möglich

Nachdem in diesem Kapitel die notwendigen Details zur Anpassung des Windows Admin Center (WAC) aufgezeigt wurden, dreht sich im nächsten Kapitel alles rund um die Verwaltung von Serversystemen und Clientcomputern mit dem WAC.

KAPITEL 4

Verwaltung von Serversystemen und Clientcomputern mit dem Windows Admin Center (WAC)

Die Verwaltung von Windows-Serversystemen und -Clientcomputern mit dem Windows Admin Center (WAC) lässt sich gleich nach der Bereitstellung durchführen. Das Windows Admin Center (WAC) ermöglicht die Verwaltung von Clientcomputern unter Windows 10, sowie auch die Verwaltung von Serversystemen unter Windows Server 2012 über Windows Server 2012 R2 bis hin zu Windows Server 2016 und auch Windows Server 2019. Serversysteme, auf denen noch Windows Server 2008 R2 ausgeführt wird, werden von Microsoft seitens der Verwaltung mit dem Windows Admin Center (WAC) in der aktuellen Version nicht (mehr) unterstützt - obwohl dies technisch, wenn auch eingeschränkt möglich ist.

Verwaltung von Windows Server 2008 R2 - von Microsoft nicht mehr unterstützt

Die mit dem Windows Admin Center (WAC) möglichen Verwaltungsschritte umfassen beispielsweise die Verwaltung der auf den jeweiligen Computersystemen vorhandenen Zertifikate, Geräte, Prozesse, Rollen und Features, Updates, virtuellen Computer und vieles mehr.

4.1 Hinzufügen von Computersystemen zur Verwaltung

Damit man Computersysteme oder beispielsweise auch Failovercluster mithilfe des Windows Admin Center (WAC) verwalten kann, muss man diese zuvor in die grafische Verwaltungskonsole des WAC hinzufügen. Die mit dem Windows Admin Center (WAC) verwalteten Computersysteme und auch Failovercluster werden darin als „*Verbindungen*" (engl. *Connections*) bezeichnet.

Vertrauen zum Übertragen der Anmeldeinformationen zwischen den Computern notwendig

Um beispielsweise Computersysteme mithilfe des Windows Admin Center (WAC) verwalten zu können, benötigt man auf diesen zunächst entsprechende, administrative Rechte. Darüber hinaus muss sich das zu verwaltende Computersystem im Vertrauen mit dem für die Verwaltung verwendeten Computersystem des WAC befinden. Innerhalb eines Active Directory-Domänenverbundes erfolgt dies über die Domänenmitgliedschaft der betreffenden Computersysteme. Um Computersysteme mit dem WAC verwalten zu können, die sich nicht als Mitglied in einer Active Directory-Domäne, sondern als Mitglied beispielsweise in einer Arbeitsgruppe im Netzwerk befinden, muss man diese auf dem Verwaltungscomputer zuvor in die *Liste der vertrauenswürdigen Computer* (engl. *Trusted Host List*) aufnehmen. Diese Liste dient dem WAC-Verwaltungscomputer zur Klärung, an welche Computer im Netzwerk er die Anmeldeinformationen des jeweiligen, am WAC angemeldeten Benutzers zwecks der angestrebten Verwaltungsschritte übersenden darf.

4.1.1 Anzeige der Liste vertrauenswürdiger Computer

Die *Liste der vertrauenswürdigen Computer* (engl. *Trusted Host List*) eines Computersystems kann man sich mithilfe der Windows PowerShell anzeigen lassen. Gehen Sie dazu wie folgt vor:

1. Öffnen Sie die *Windows PowerShell* mit *administrativen* Rechten.

2. Geben Sie den folgenden Befehl in der Windows PowerShell ein, und drücken Sie anschließend die **Eingabetaste**:

```
Get-Item WSMAN:\localhost\Client\TrustedHosts
```

4.1.2 Schritte zum Hinzufügen von Computersystemen zur Liste vertrauenswürdiger Computer

Die zu verwaltenden Computersysteme kann man mit einfachen Schritten zur *Liste der vertrauenswürdigen Computer* (engl. *Trusted Host List*) hinzufügen.

Gehen Sie wie folgt vor, um ein zu verwaltendes Computersystem auf dem Windows Admin Center (WAC)-Computer in die Liste der vertrauenswürdigen Computer aufzunehmen:

1. Öffnen Sie auf dem für die Verwaltung zu verwendenden WAC-Computersystem die *Windows PowerShell* mit administrativen Rechten.

2. Geben Sie den folgenden Befehl in der *Windows PowerShell* ein, und verwenden Sie als Wert hinter „*-Value*" den Namen oder die IP-Adresse, mit der man sich später mit dem zu verwaltenden Computersystem verbinden können soll (beispielsweise: „Server01" oder „10.10.0.200", und drücken Sie dann die **Eingabetaste**:

```
Set-Item WSMAN:\localhost\Client\TrustedHosts -Value
„<Name oder IP-Adresse>" -Concatenate
```

Hinzufügen und nicht einfach überschreiben von Einträgen der TrustedHost-Liste

Der Schalter **`-Concatenate`** ergänzt den bei der Befehlsausführung angegebenen Namen oder die IP-Adresse zu den womöglich bereits vorhandenen Einträgen in der TrustedHost-Liste des betreffenden WAC-Computersystems. Ohne diesen Schalter würde zwar der angegebene Name oder die IP-Adresse ebenso zur *TrustedHost*-Liste hinzugefügt, mitunter zuvor bereits darin vorgenommene Einträge würden in diesem Zusammenhang jedoch einfach überschrieben.

4.1.3 Vereinfachte Verwendung der Liste vertrauenswürdiger Computer durch „Wildcard"-Zeichen (*)

Im Falle, dass man häufiger neue Computersysteme zur Verwaltung zum Windows Admin Center (WAC) hinzufügen möchte, so wäre man nach dem zuvor gezeigten Beispiel ebenso oft gezwungen, neue Einträge in die TrustedHost-Liste des für die Verwaltung zu verwendenden Computersystems zu ergänzen. Abhilfe hierzu kann man sich verschaffen, in dem man das „*"-Zeichen als „Wildcard"-Zeichen in der TrustedHost-Liste einträgt. Hierdurch entfällt anschließend das manuelle, einzelne Hinzufügen von Einträgen für Computersysteme in der TrustedHost-Liste des betreffenden Computers. Man sollte hierbei unbedingt bedenken, dass durch das „pauschal" konfigurierte Vertrauen die Sicherheit etwas herabgesetzt wird. Im Vergleich zu dem mitunter unverhältnismäßigen Aufwand, den die Wartung und Pflege der TrustedHost-Liste womöglich in Anspruch nehmen kann, dürfte dies einen klaren Kompromiss darstellen.

Einfachheit bei einer Vielzahl der zu verwaltenden Computersysteme

Gehen Sie wie folgt vor, um die Verwendung der TrustedHost-Liste durch das Hinzufügen eines *„Wildcard"*-Zeichens (*) auf dem zur Verwaltung von Client- und Serversystemen zu verwendenden WAC-Computer zu vereinfachen:

1. Öffnen Sie die *Windows PowerShell* mit *administrativen* Rechten.

2. Geben Sie den folgenden Befehl in der *Windows PowerShell* ein, und drücken Sie anschließend die **Eingabetaste**:

```
Set-Item WSMAN:\localhost\Client\TrustedHosts -Value „*“
```

4.1.4 Löschen der Liste vertrauenswürdiger Computer

Im Bedarfsfall kann man die *Liste der vertrauenswürdigen Computer* (engl. *Trusted Host List*) eines Computersystems inhaltlich mithilfe der Windows PowerShell einfach löschen. Gehen Sie dazu wie folgt vor:

1. Öffnen Sie die *Windows PowerShell* mit *administrativen* Rechten.

2. Geben Sie den folgenden Befehl in der *Windows PowerShell* ein, und drücken Sie anschließend die **Eingabetaste**:

```
Clear-Item WSMAN:\localhost\Client\TrustedHosts
```

4.2 Authentifizierung gegenüber den verwalteten Computersystemen

Damit man sich mit denen zu verwaltenden Computer verbinden, und Verwaltungsschritte auf diesen durchführen kann, muss man sich zuerst noch als Administrator authentifizieren. Dies kann auf verschiedene Weisen erfolgen:

- **Einmaliges Anmelden** (engl. *Single Sign-on, SSO*) - Standardmäßig verwendet das Windows Admin Center (WAC) bei der Installation im "Desktop"-Modus auf einem Windows 10-Clientcomputer die Anmeldeinformationen des jeweils darin angemeldeten Benutzers schon beim Hinzufügen eines der zu verwaltenden Computersysteme.
- **Einmaliges Anmelden** (engl. *Single Sign-on, SSO*) **bei der Bereitstellung des WAC als Dienst auf einem Windows-Serversystem** - Wenn das Windows Admin Center (WAC) im Gateway-Modus als Dienst auf einem Windows-Serversytem installiert wurde, so ist hierzu die zusätzliche Konfiguration für das einmaligen Anmelden notwendig. Details hierzu finden sich im Kapitel 3 dieses Fachbuchs.
- **Verwenden der Option "*Verwalten als*"** - Alternativ zur Verwendung des einmaligen Anmeldens (SSO) kann man für die Verbindung zu einem der zu verwaltenden Computersysteme mithilfe der Option *"Verwalten als"* auch ganz spezifische Anmeldeinformationen verwenden. Dazu wählt man im Windows Admin Center (WAC) unter *Alle Verbindungen* den betreffenden Computer aus der Liste, und wählt dann die Option *Verwalten als*, um die Anmeldeinformationen für die Verbindung zu dem Computer angeben zu können.

4.3 Notwendige Rechte zum Verwalten von Computersystemen mit dem WAC

Die zu verwaltenden Clientcomputer unter Windows 10, sowie auch Serversysteme unter Windows Server 2012, Windows Server 2012 R2, Windows Server 2016, sowie auch Windows Server 2019 können nach dem

Anmelden am Windows Admin Center (WAC) problemlos dort hinzugefügt werden.

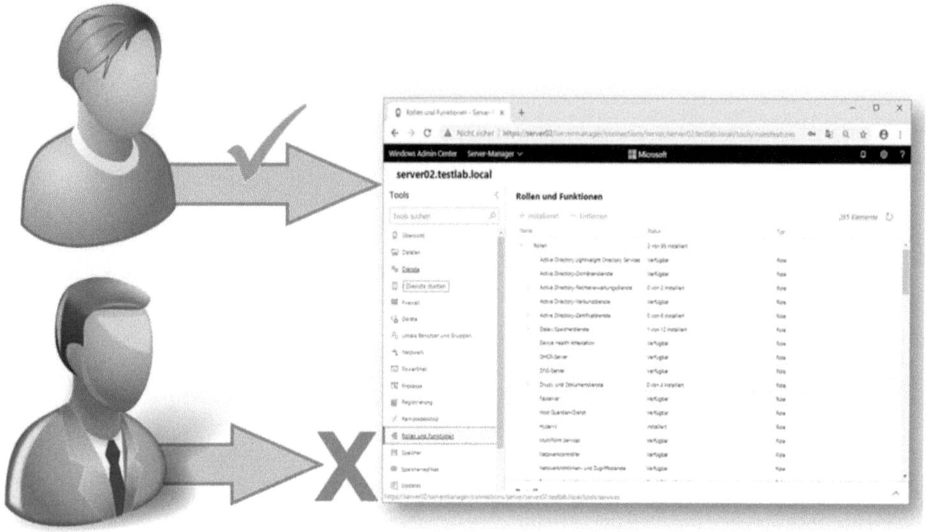

Abb. 4.1: *Steuerung des Zugriffs mithilfe der Rechtevergabe im WAC*

„Passende" Rechte für die Verwaltung vorausgesetzt

Zur Verwaltung benötigt man die entsprechenden, lokalen Administratorrechte auf dem jeweiligen, zu verwaltenden Computersystem. Innerhalb einer Active Directory-Gesamtstruktur bzw. einer Active Directory-Domäne besitzen die Mitglieder der vordefinierten Sicherheitsgruppen der Organisations-Admins bzw. der Domänen-Admins nach dem Hinzufügen der zu verwaltenden Computersysteme bereits über die notwendigen, lokalen Administratorrechte.

4.3.1 Rollenbasierte Zugriffssteuerung

In den *Einstellungen* des Windows Admin Center (WAC) kann man die *rollenbasierte Zugriffssteuerung* (RBAC) verwenden, um bestimmten Benutzern oder Benutzergruppen den Zugriff auf das Windows Admin Center (WAC), und somit auch auf die darin zu verwaltenden Computersysteme zu ermöglichen. Hierbei kann man dann unterscheiden zwischen einfachen *Gateway-Benutzern*, sowie auch *Gateway-Administratoren*.

INTERNET! Details zur rollenbasierten Zugriffssteuerung (RBAC) des Windows Admin Center (WAC) sind neben den Informationenen in den vorangegangenen Kapiteln dieses Fachbuches u. a. auch im Internet auf den Webseiten von Microsoft nachzulesen unter:

https://docs.microsoft.com/en-us/windows-server/manage/windows-admin-center/configure/user-access-control

4.3.2 Option „Verwalten als"

Im Windows Admin Center (WAC) kann man in der *Übersicht* aller Verbindungen nicht nur die bereits dort vorhandenen Computersysteme anzeigen oder entfernen. Man kann darin im Bedarfsfall auch festlegen, mit welchem Benutzerkonto man sich mit dem jeweiligen Computersystem verbinden möchte. Die Option *„Verwalten als"* kann konfiguriert werden, nachdem man auf die betreffende *Spalte* klickt, in der das zu verwaltende Computersystem aufgelistet ist. Dabei kann dann festgelegt werden, ob man für die Verbindung zu dem jeweiligen Computersystem die aktuellen Anmeldeinformationen, oder aber alternativ ein anderes Konto für die Verbindung verwenden möchte.

Verwendung „alternativer Anmeldeinformationen"

Das zur *Verbindung* jeweils festgelegte Benutzerkonto wird in der *Übersicht aller Verbindungen* im Windows Admin Center (WAC) in der Spalte *„Verwalten als"* übersichtlich angezeigt.

4.4 Verwendung von Tags zum Organisieren von Verbindungen im WAC

Mit dem Windows Admin Center (WAC) kann man eine Vielzahl an Windows 10-Clientcomputern und auch Serversystemen von einer zentralen (Web-)Konsole aus verwalten. Die zur Verwaltung zum WAC hinzugefügten Computersysteme, sowie auch die Failovercluster werden alle unter der gemeinsamen Ansicht unter *Alle Verbindungen* angezeigt. Diese Liste kann in der Praxis schnell gleich einige Hunderte oder gar Tausende Einträge umfassen, so dass die Suche und auch die Orientierung nach bestimmten, womöglich auch zusammenhängenden Computer- oder auch

Bessere Suche und bessere Orientierung

Serversystemen schon recht zeitaufwändig werden könnte. Um diesem Umstand gegenwirken zu können, hat Microsoft die Unterstützung sogenannter „*Tags*" in das Windows Admin Center (WAC) eingearbeitet. Mithilfe der - individuell definierbaren - Tags kann man die zu verwaltenden Computersysteme im Windows Admin Center (WAC) entsprechend organisieren, und diese in der Ansicht nach bestimmten Kriterien (Tags) besser herausfiltern.

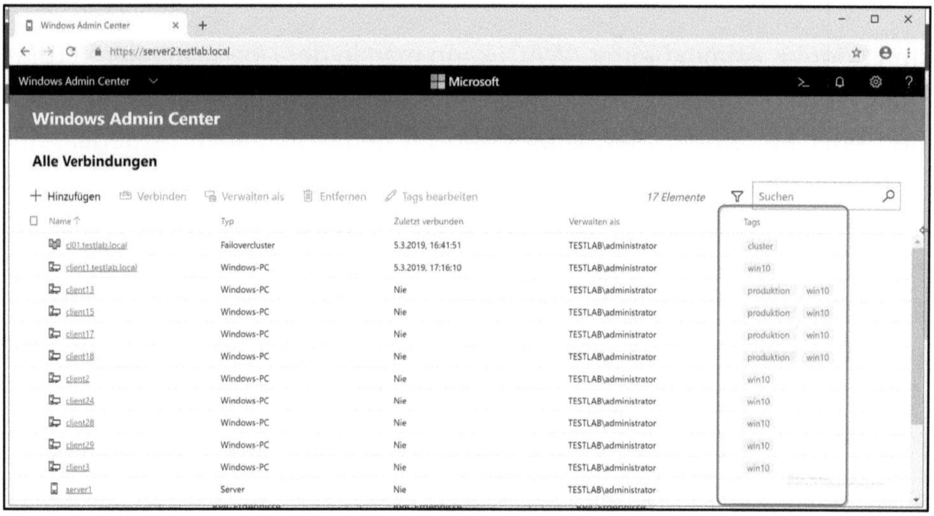

Abb. 4.2: *Tags zur besseren Suche und Orientierung rund um die mit dem Windows Admin Center (WAC) verwalteten Clients und Serversysteme*

Wenn man viele *Verbindungen* zu den zu verwaltenden Computersystemen verwendet, so kann man individuelle Tags verwenden, um diese zu organisieren.

4.4.1 Erstellen von Tags

Standardmäßig verfügt das Windows Admin Center (WAC) über keinerlei vordefinierte Tags. Es ist einem Administrator selbst überlassen, eigene Tags zu definieren, und diese den im Windows Admin Center (WAC) vorhandenen Computersystemen zum Zwecke der besseren Orientierung und Suche zuzuweisen. Dabei ist man nicht auf einzelne Tags beschränkt - man kann den im WAC verwalteten Computersystemen - die man im

WAC unter *„Alle Verbindungen"* angezeigt bekommt - problemlos auch gleich mehrere Tags zuweisen.

Gehen Sie wie folgt vor, um einem zu verwaltenden Computersystem im Windows Admin Center (WAC) eigene Tags zur nachfolgend besseren Suche und Orientierung zuzuweisen:

1. Melden Sie sich, sowie noch nicht geschehen, als Administrator am *Windows Admin Center (WAC)* an.
2. Klicken Sie in der grafischen Oberfläche des WAC unter **Alle Verbindungen** beispielsweise auf die Spalte eines der darin angezeigten *Rechnernamen.*
3. Klicken Sie in der oberen Befehlsleiste auf **Tags bearbeiten**, und dann auf **+ Tags hinzufügen**, um einen neuen Tag zu definieren.
4. Geben Sie den *Namen* des neuen Tags an, und klicken Sie dann auf **Speichern**.

Der neue Tag wird im WAC unter **Alle Verbindungen** in der Spalte *Tags* in der Tabellenzeile des zuvor ausgewählten Computersystems angezeigt.

4.4.2 Zuordnen eines bereits bestehenden Tags

Es besteht die Möglichkeit, den in der Liste des Windows Admin Center (WAC) unter *Alle Verbindungen* aufgelisteten Computersystemen und auch Failovercluster im Bedarfsfall auch zuvor definierte Tags zuzuweisen.

Um einem Computersystem in der Liste des Windows Admin Center (WAC) unter Alle Verbindungen einen bereits bestehenden Tag zuzuordnen, gehen Sie wie folgt vor:

1. Melden Sie sich, sowie noch nicht geschehen, als Administrator am *Windows Admin Center (WAC)* an.
2. Klicken Sie in der grafischen Oberfläche des WAC unter **Alle Verbindungen** auf die Spalte des zu konfigurierenden Computersystems.

3. Klicken Sie in der oberen Befehlsleiste auf **Tags bearbeiten**, wählen Sie unter **Verbindungstags bearbeiten** den gewünschten Tag aus, und klicken Sie dann auf **Speichern**.

Der neue Tag wird im WAC unter **Alle Verbindungen** in der Spalte *Tags* in der Tabellenzeile des zuvor ausgewählten Computersystems angezeigt.

4.4.3 Filtern von Verbindungen im WAC mithilfe von Tags

Filtern durch Eingabe in einem Suchfeld

Die im Windows Admin Center (WAC) zuvor definierten, und den darin unter *Alle Verbindungen* aufgeführten Computersystemen zugeordneten *Tags* bieten die Möglichkeit, diese für die Suche nach bestimmten, mit dem WAC zu verwaltenden Computern zu verwenden. Dazu steht im WAC in der Seite *Alle Verbindungen* in der oberen Befehlsleiste ein spezielles *Suchfeld* zur Verfügung.

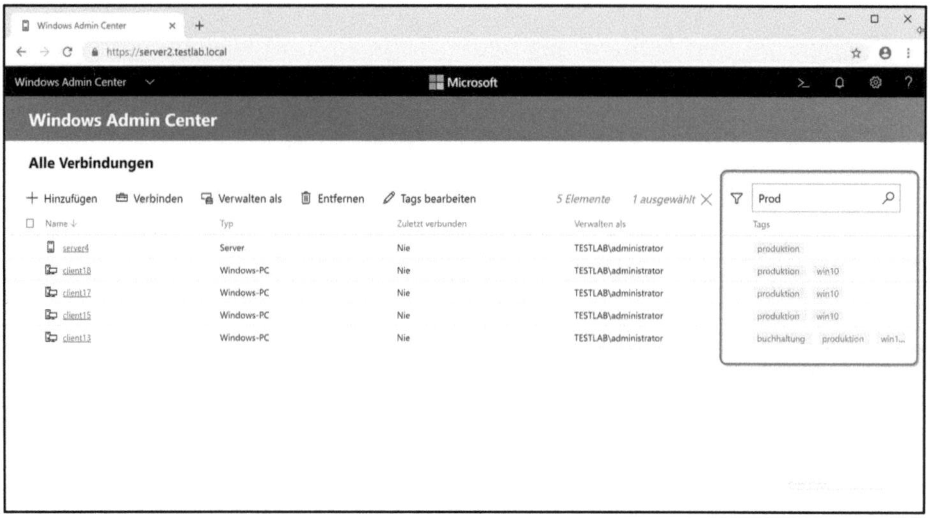

Abb. 4.3: *Filterung der unter „Alle Verbindungen" im Windows Admin Center (WAC) aufgelisteten Computersysteme anhand eines bestimmten Tags*

Gehen Sie wie folgt vor, um im Windows Admin Center (WAC) die unter Alle Verbindungen aufgeführten Computersysteme anhand der zuvor definierten Tags nach bestimmten Kriterien aufzulisten:

1. Melden Sie sich, sowie noch nicht geschehen, als Administrator am *Windows Admin Center (WAC)* an.

2. Klicken Sie in der grafischen Oberfläche des WAC unter **Alle Verbindungen** in das Filterfeld **Suchen**, und geben Sie die gewünschte **`Zeichenfolge`** ein, nach der die zuvor definierten Tags gefiltert werden sollen.

Die auf der Seite ***Alle Verbindungen*** enthaltenen Computersysteme werden seitens der jeweils zugeordneten Tags schon bei der Eingabe weniger Zeichen in das Suchfeld automatisch gefiltert, und - soweit zutreffend - entsprechend aufgelistet.

4.5 Anzeigen der im WAC enthaltenen Windows PowerShell-Skripts

Beispiele für die mögliche Automation

Die meisten der Verwaltungsschritte, die man im grafischen Windows Admin Center (WAC) durchführt, werden im Hintergrund mithilfe bestimmter Funktionen in der Windows PowerShell umgesetzt. Im Windows Admin Center (WAC) kann man sich diese Windows PowerShell-Skripts auf einfache Weise durch einen Klick auf das **>_**-Symbol in der oberen, rechten Ecke des WAC anzeigen lassen. Angezeigt wird hierbei die jeweilige Funktion, die Microsoft seitens der damit verbundenen Tools für die Verwaltung von Computersystemen in das WAC eingearbeitet hat.

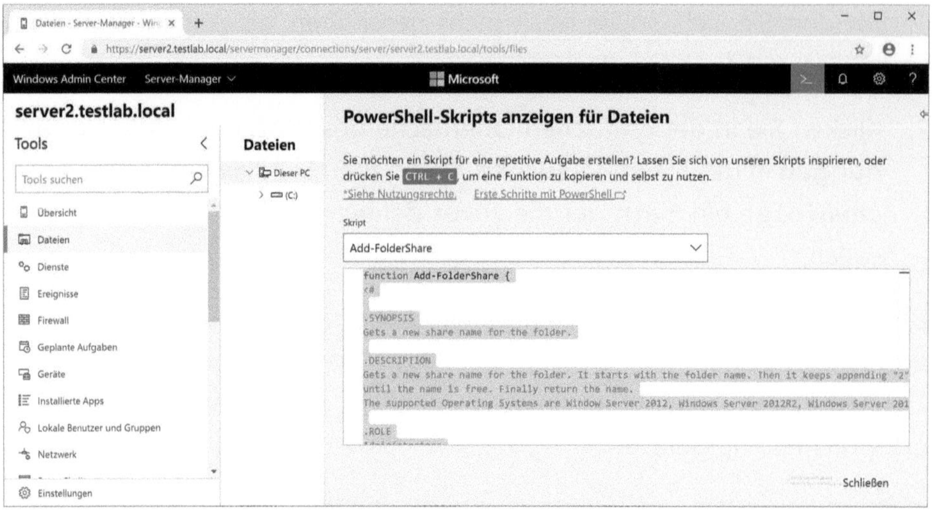

Abb. 4.4: *Windows PowerShell-Skripts als Vorlagen zur möglichen Automatisierung von Verwaltungsschritten im Windows Admin Center (WAC)*

Einfach kopieren und einfügen

Diese Windows PowerShell-Skripts, die in der Ansicht als *Funktionen* dargestellt werden, kann man für die mögliche Automation verschiedenster, wiederkehrender Verwaltungsschritte nach dem Markieren mithilfe der Tastenkombination **Strg + C** aus dem WAC einfach in die Zwischenablage kopieren. In einem nächsten Schritt kann man sie dann beispielsweise in einer Skriptdatei für die Verwendung mit der *Windows PowerShell*, oder direkt auch in der *Windows PowerShell ISE* (*Integrated Script Environment*) für die weitere Verarbeitung einfügen.

Gehen Sie wie folgt vor, um sich ein Windows PowerShell-Skript-Beispiel zu einem der in dem Windows Admin Center (WAC) enthaltenen Werkzeug anzeigen zu lassen:

1. Melden Sie sich, sowie noch nicht geschehen, als Administrator am *Windows Admin Center (WAC)* an.

2. Klicken Sie in der grafischen Oberfläche des WAC unter ***Alle Verbindungen*** beispielsweise auf einen der darin angezeigten *Rechnernamen.*

3. Klicken Sie nun auf eine der auf der linken Fensterhälfte angezeigten *Tools*-Kategorien, und anschließend in der oberen, rechten Fensterecke auf das **>_**-Symbol, um das auf das ausgewählte Werkzeug passende *Windows PowerShell-Skript* anzeigen zu lassen.

Das angezeigte Windows PowerShell-Skript kann mit mithilfe der Tastenkombination **Strg + C** in die Zwischenablage des Computers kopieren. Mithilfe der Tastenkombination **Strg + V** lässt sich der Inhalt der Zwischenablage dann in einem späteren Schritt beispielsweise in eine Textdatei einfügen, die man zur Automation des jeweiligen Verwaltungsschrittes lediglich noch als Windows PowerShell-Skriptdatei (.ps1-Datei) abspeichern muss.

Kopieren, und als Skriptdatei (.ps1) speichern

HINWEIS! Die Nutzungsrechte von Microsoft zur Verwendung der im Windows Admin Center (WAC) enthaltenen Windows PowerShell-Skripte kann man durch einen Klick auf die in der Ansicht der Skriptbeispiele enthaltenen Verknüpfung zu *"Siehe Nutzungsrechte"* anzeigen lassen.

4.6 Hinzufügen von Computersystemen zum WAC

Gleich nach dem Aufrufen des Windows Admin Center (WAC) steht die Option zum Hinzufügen von Computersystemen in der Grafikoberfläche zur Verfügung.

Gehen Sie wie folgt vor, um die zu verwaltenden Computersysteme zum Windows Admin Center (WAC) hinzuzufügen:

1. Melden Sie sich, sowie noch nicht geschehen, als Administrator am *Windows Admin Center (WAC)* an.

2. Klicken Sie in der grafischen Oberfläche des WAC auf **+ Hinzufügen**

3. Wählen Sie die notwendige Option (wie zum Beispiel *„Verbindung „Server" hinzufügen*) zum Hinzufügen der Verbindung aus, geben Sie den *Namen* des betreffenden Computersystems, sowie im Bedarfsfall die entsprechenden *Anmeldeinformationen* ein, und klicken Sie auf **Übermitteln**.

Die zu verwaltenden Computersysteme werden im Windows Admin Center (WAC) unter *Alle Verbindungen* in einer Liste angezeigt.

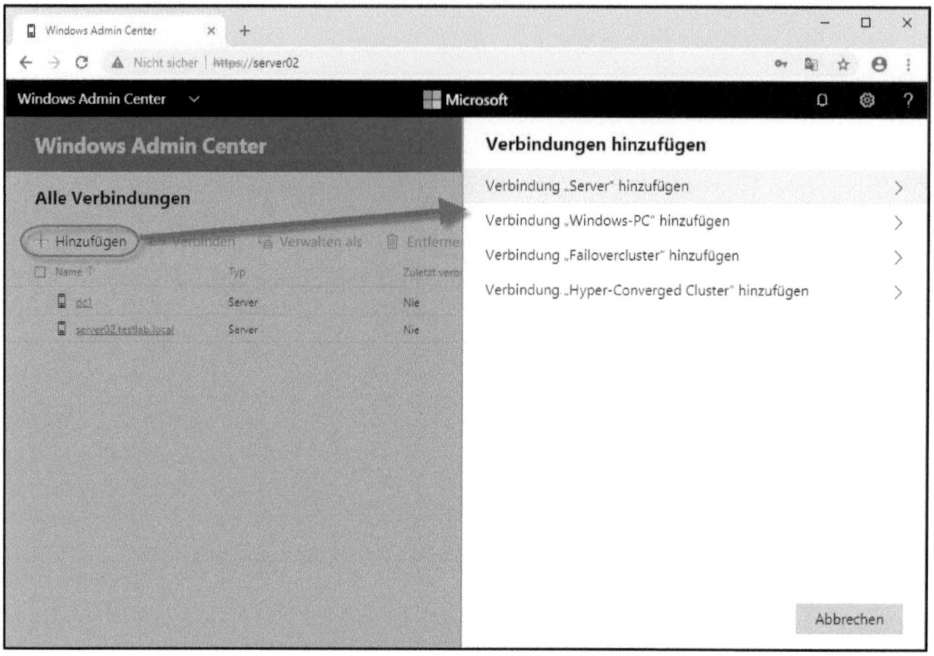

Abb. 4.5: *Hinzufügen weiterer Computersysteme zur Verwaltung mit dem Windows Admin Center (WAC)*

Import aus einer Textdatei möglich

Alternativ zum Hinzufügen einzelner, zu verwaltender Systeme kann man diese auch gleich aus einer einfachen Textdatei, in der die Namen der betreffenden Computersysteme zeilenweise getrennt aufgeführt sind, importieren.

4.6 Entfernen von Computersystemen aus dem WAC

Jederzeit möglich

Im Bedarfsfall kann man die zuvor zum Windows Admin Center hinzugefügten Computersysteme jederzeit wieder daraus entfernen. Die hierzu notwendige Option steht direkt im Dialog für *Alle Verbindungen* im WAC bereit.

Das Entfernen von *Verbindungen*, sowie auch das nachfolgende, wiederholte Hinzufügen ist im Windows Admin Center (WAC) prinzipell jederzeit möglich.

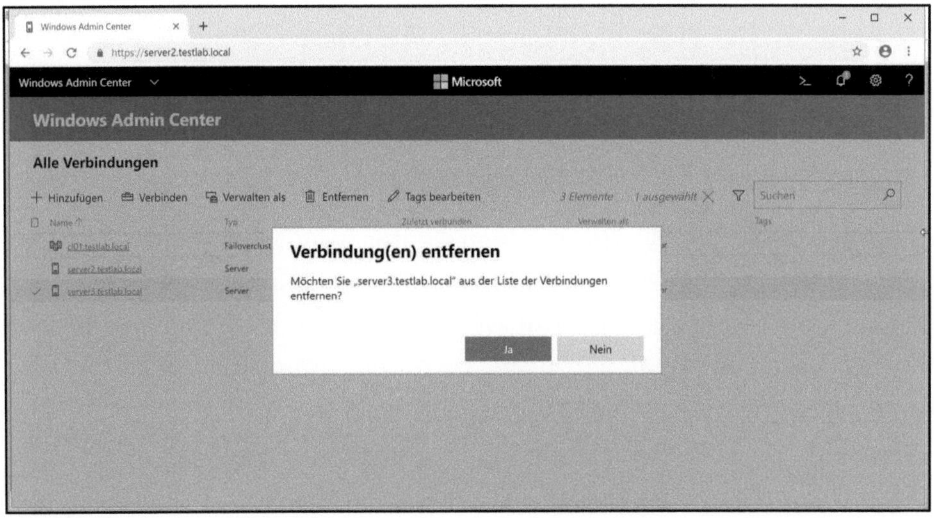

Abb. 4.6: *Entfernen eines Computersystems aus dem Windows Admin Center (WAC)*

Gehen Sie wie folgt vor, um ein Computersystem aus der Liste der verwalteten Computersysteme des Windows Admin Center (WAC) zu entfernen:

1. Melden Sie sich, soweit noch nicht geschehen, mit den notwendigen, *administrativen Rechten* am *Windows Admin Center (WAC)* an.

2. Klicken Sie in der Liste für *„Alle Verbindungen"* auf die Spalte des zu entfernenden *Computersystems*, und wählen Sie oberhalb der Liste den Befehl **Entfernen**.

3. Bestätigen Sie die Meldung zum Entfernen mit einem Klick auf **Ja**.

Mit dem Windows Admin Center (WAC) schlägt Microsoft die Brücke zwischen der lokalen und der Remoteverwaltung von Computersystemen bis hin zur Microsoft Azure-Cloud im Internet. Es empfiehlt sich in der Praxis, die neue Verwaltungskonsole unbedingt auch mal im eigenen Computernetzwerk einzusetzen. Zur Verwaltung umfasst das Windows Admin Center (WAC) eine Vielzahl an Werkzeugen.

4.7 Werkzeuge des Windows Admin Center (WAC)

Das Windows Admin Center (WAC) verfügt über eine Vielzahl an Werkzeugen, mit denen man die zur Verwaltung zuvor hinzugefügten Computersysteme oder auch Failovercluster verwalten kann.

Umfassend - aber nicht vollständig

Die im Umfang des Windows Admin Center (WAC) eingearbeiteten Verwaltungswerkzeuge zeigen sich in einer langen Liste im Abschnitt *Tools*, sobald man darin beispielsweise im Abschnitt *Alle Verbindungen* auf den Namen bzw. Link eines der in der Liste der verfügbaren Verbindungen bzw. Computersysteme klickt.

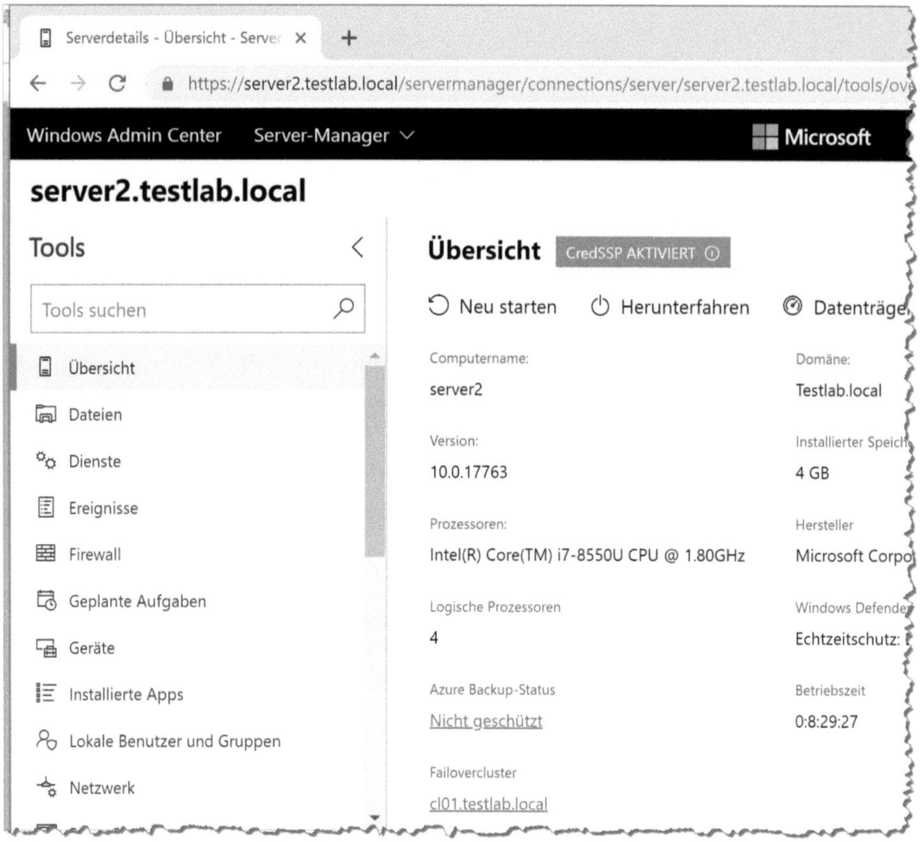

Abb. 4.7: *Werkzeuge (Tools) im Windows Admin Center (WAC) zum Verwalten eines Computersystems*

4.7.1 Werkzeuge für die Verwaltung von Servercomputern mit dem Windows Admin Center (WAC)

Die Verwaltungsoptionen und Werkzeuge im Abschnitt *Tools* des Windows Admin Center (WAC) für die Verwaltung von Serversystemen umfassen unter anderem:

Option	Beschreibung	Verfügbare Verwaltungsoptionen
Übersicht	Bietet eine Übersicht, beispielsweise zur Betriebssystemversion, dem Prozessor, dem installierten Arbeitsspeicher, des freien Speicherplatzes auf den Festplatten, sowie auch die aktuelle Auslastung bzw. Performance des betreffenden Computersystems.	- Neu starten - Herunterfahren - Datenträgermetriken aktivieren - Computer-ID bearbeiten - Einstellungen - Aktualisieren (Ansicht)
Dateien	Ermöglicht den Zugriff auf die vorhandenen Dateien und Ordner des zu verwaltenden Computersystems.	- Neuer Ordner - Löschen - Herunterladen - Hochladen - Umbenennen - Extrahieren

Option	Beschreibung	Verfügbare Verwaltungsoptionen
		- Eigenschaften
Dienste	Zeigt die im Computersystem vorhandenen Dienste, sowie deren Status, und auch Startmodus an. Darüber hinaus kann man im Bedarfsfall notwendige Anpassungen der Einstellung der einzelnen Dienste vornehmen, diese neu starten oder beenden.	- Starten - Anhalten - Beenden - Einstellungen
Ereignisse	Bietet den Zugriff auf die im jeweiligen Computersystem vorhandenen Ereignisprotokolle und -einträge.	- Löschen - Exportieren
Firewall	Ermöglicht den Zugriff auf die Einstellungen, die Regeln für ein- und ausgehende Verbindungen, sowie auch die Profile der Windows Firewall des betreffenden Computersystems.	- Neu - Aktivieren - Deaktivieren - Löschen - Einstellungen
Geräte	Bietet die Möglichkeit der Anzeige und Verwal-	- Gerät deaktivieren - Gerät aktivieren

Option	Beschreibung	Verfügbare Verwaltungsoptionen
	tung der im zu verwaltenden Computer enthaltenen Geräte.	- Treiber aktualisieren
Lokale Benutzer und Gruppen	Erlaubt das Anzeigen, sowie die Verwaltung der lokalen Benutzer und Gruppen auf dem betreffenden Computersystem	*Benutzer* - Neue Benutzer - Mitgliedschaft verwalten - Benutzer löschen - Kennwort ändern - Benutzer bearbeiten *Gruppen* - Neue Gruppe - Gruppe löschen - Gruppe umbenennen - Gruppe bearbeiten
Netzwerk	Ermöglicht das Anzeigen und die Konfiguration der Netzwerkeinstellungen des jeweiligen Computers.	- Einstellungen
PowerShell	Bietet die Möglichkeit, sich mithilfe der Windows PowerShell auf das	Die in der Windows PowerShell verfügbaren Cmdlets der auf

Option	Beschreibung	Verfügbare Verwaltungsoptionen
	Computersystem aufzuschalten.	dem zu verwaltenden Computer vorhandenen Windows PowerShell-Module.
Prozesse	Bietet die Möglichkeit zum Anzeigen und zum Verwalten der im Computersystem vorhandenen Prozesse.	- Prozess starten - Prozess beenden - Prozesssicherung erstellen - Handles suchen - Spalten auswählen
Registrierung	Erlaubt den Zugriff und die Verwaltung der Windows Registry.	- Importieren - Exportieren - Neuer Schlüssel - Umbenennen - Löschen - Wert hinzufügen - Ändern
Remotedesktop	Ermöglicht die Konfiguration und Anpassung der Einstellungen für Remotedesktopverbindungen. Zusätzlich kann man in den Einstellungen für Remotedesktop auch die rollenbasierte Zugriffssteuerung anpassen.	- Einstellungen aufrufen

Option	Beschreibung	Verfügbare Verwaltungsoptionen
Rollen und Funktionen	Erlaubt das Hinzufügen oder Entfernen der Rollen und Funktionen des zu verwaltenden Computersystems.	- Installieren - Entfernen
Speicher	Bietet die Möglichkeit der Datenträger- und Volume-Verwaltung auf dem Computersystem. Zusätzlich lassen sich Dateifreigaben anzeigen und bearbeiten.	*Datenträger* - Volume erstellen - Datenträger initialisieren - Virtuelle Festplatte erstellen - Virtuelle Festplatte anfügen - Virtuelle Festplatte trennen - Offline - Online *Volume* - Format - Größe ändern - Volumeeigenschaften bearbeiten - Löschen
Speicher-replikat	Ermöglicht die Verwaltung von Speicher-replikaten auf dem zu	Für die Verwaltung von Speicherreplikaten mit dem WAC

Option	Beschreibung	Verfügbare Verwaltungsoptionen
	verwaltenden Computersystem.	müssen die Remoteserver-Verwaltungstools (RSAT) für das Speicherreplikat auf dem Gatewaycomputer installiert werden.
Updates	Erlaubt die Anzeige und Konfiguration der Update-Einstellungen des betreffenden Computersystems.	- Einstellungen - Online nach Updates von Microsoft Update suchen - Sofort neu starten - Neustart planen
Zertifikate	Ermöglicht die Verwaltung von digitalen Zertifikaten auf dem Computersystem.	- Exportieren - Erneuern - Neu anfordern - Löschen

Tab. 4.1: *Werkzeuge des Windows Admin Center (WAC) für die Verwaltung von Serversystemen*

4.7.2 Werkzeuge für die Verwaltung von Clientcomputern mit dem Windows Admin Center (WAC)

Die Verwaltung von Windows 10-Clientcomputern gestaltet sich im Windows Admin Center (WAC) im direkten Vergleich mit der Verwaltung von Serversystemen weitgehend identisch. Lediglich die Auswahl der Verwaltungsoptionen und Werkzeugen wurde im Windows Admin Center (WAC) auf die notwendigen Elemente hin angepasst.

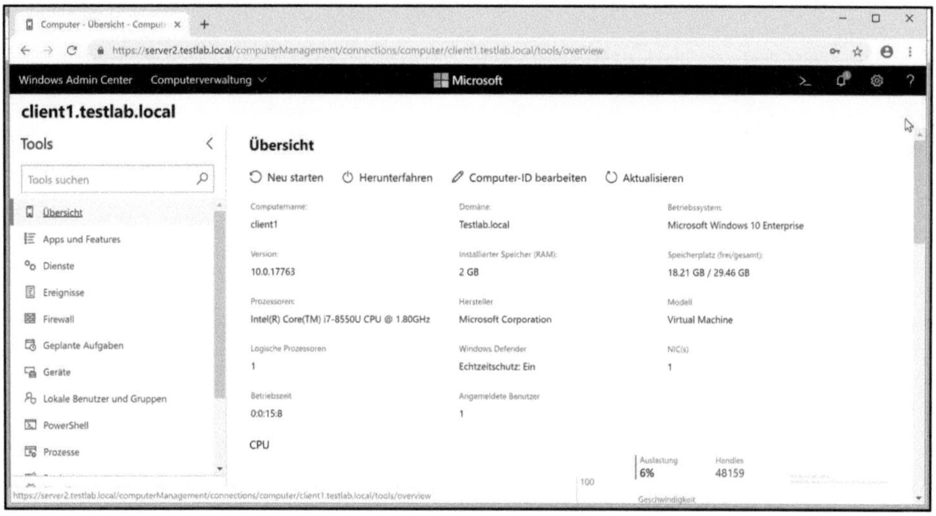

Abb. 4.8: *Tools im Windows Admin Center (WAC) zum Verwalten von Clientcomputern*

Für die Verwaltung von Windows 10-Clientcomputern stehen im Windows Admin Center (WAC) im Abschnitt *Tools* die folgenden Verwaltungsoptionen und Werkzeuge bereit:

Option	Beschreibung	Verfügbare Verwaltungsoptionen
Übersicht	Bietet eine Übersicht, beispielswiese zur Betriebssystemversion, dem Prozessor, dem installierten Arbeitsspeicher, des freien Speicherplatzes auf den Festplatten, sowie auch die aktuelle Auslastung bzw. Performance des betreffenden Computersystems.	- Neu starten - Herunterfahren - Computer-ID bearbeiten - Einstellungen - Aktualisieren (Ansicht)

Option	Beschreibung	Verfügbare Verwaltungsoptionen
Dienste	Zeigt die im Computersystem vorhandenen Dienste, sowie deren Status, und auch Startmodus an. Darüber hinaus kann man im Bedarfsfall notwendige Anpassungen der Einstellung der einzelnen Dienste vornehmen, diese neu starten oder beenden.	- Starten - Anhalten - Beenden - Einstellungen
Ereignisse	Bietet den Zugriff auf die im jeweiligen Computersystem vorhandenen Ereignisprotokolle und -einträge.	- Löschen - Exportieren
Firewall	Ermöglicht den Zugriff auf die Einstellungen, die Regeln für ein- und ausgehende Verbindungen, sowie auch die Profile der Windows Firewall des betreffenden Computersystems.	- Neu - Aktivieren - Deaktivieren - Löschen - Einstellungen
Geräte	Bietet die Möglichkeit der Anzeige und Verwaltung der im zu verwaltenden Computer enthaltenen Geräte.	- Gerät deaktivieren - Gerät aktivieren - Treiber aktualisieren

Option	Beschreibung	Verfügbare Verwaltungsoptionen
Lokale Benutzer und Gruppen	Erlaubt das Anzeigen, sowie die Verwaltung der lokalen Benutzer und Gruppen auf dem betreffenden Computersystem.	*Benutzer* - Neue Benutzer - Mitgliedschaft verwalten - Benutzer löschen - Kennwort ändern - Benutzer bearbeiten *Gruppen* - Neue Gruppe - Gruppe löschen - Gruppe umbenennen - Gruppe bearbeiten
PowerShell	Bietet die Möglichkeit, sich mithilfe der Windows PowerShell auf das Computersystem aufzuschalten.	Die in der Windows PowerShell verfügbaren Cmdlets der auf dem zu verwaltenden Computer vorhandenen Windows Power-Shell-Module.
Prozesse	Bietet die Möglichkeit zum Anzeigen und zum Verwalten der im Computersystem vorhandenen Prozesse.	- Prozess starten - Prozess beenden - Prozesssicherung erstellen - Handles suchen

Option	Beschreibung	Verfügbare Verwaltungsoptionen
		- Spalten auswählen
Registrierung	Erlaubt den Zugriff und die Verwaltung der Windows Registry.	- Importieren - Exportieren - Neuer Schlüssel - Umbenennen - Löschen - Wert hinzufügen - Ändern
Remotedesktop	Ermöglicht die Konfiguration und Anpassung der Einstellungen für Remotedesktopverbindungen. Zusätzlich kann man in den Einstellungen für Remotedesktop auch die rollenbasierte Zugriffssteuerung anpassen.	- Einstellungen aufrufen
Speicher	Bietet die Möglichkeit der Datenträger- und Volume-Verwaltung auf dem Computersystem. Zusätzlich lassen sich Dateifreigaben anzeigen und bearbeiten.	*Datenträger* - Volume erstellen - Datenträger initialisieren - Virtuelle Festplatte erstellen - Virtuelle Festplatte anfügen - Virtuelle Festplatte trennen

Option	Beschreibung	Verfügbare Verwaltungsoptionen
		- Offline - Online *Volume* - Format - Größe ändern - Volume-Eigenschaften bearbeiten - Löschen
Zertifikate	Ermöglicht die Verwaltung von digitalen Zertifikaten auf dem Computersystem.	- Exportieren - Erneuern - Neu anfordern - Löschen

Tab. 4.2: *Werkzeuge des Windows Admin Center (WAC) für die Verwaltung von Windows 10-Clientcomputern*

Die einzelnen Verwaltungsoptionen und Tools setzen entsprechende, administrative Rechte auf dem zu verwaltenden Computersystem voraus.

4.8 Verwalten von Windows 10-Clientcomputern und Windows-Serversystemen

Neben der Verwaltung von Windows Serversystemen ermöglicht das Windows Admin Center (WAC) ebenso die Verwaltung von Windows 10-Clientcomputern. Die hierzu im Windows Admin Center enthaltenen Werkzeuge im Abschnitt *Tools* sind ähnlich umfangreich, wie die für die Verwaltung von Serversystemen.

4.8.1 Aktivieren der Windows Remote-Verwaltung (WinRM)

Auf Servern standardmäßig aktiviert

Vorausgesetzt wird für die Verwaltung von Windows 10-Clientcomputern mit dem Windows Admin Center (WAC), dass man über die notwendigen Zugriffsrechte auf den zu verwaltenden Computersystemen verfügt. Darüber hinaus muss man - anders als in der Regel bei den Windows-Serversystemen - die Remoteverwaltung auf den Clientcomputern zunächst erst aktivieren. Dies kann direkt auf dem betreffenden Computersystem beispielsweise mithilfe der Windows PowerShell oder der Kommandozeile erfolgen - setzt für diesen Vorgang jedoch adminstrative Rechte auf dem Computer voraus.

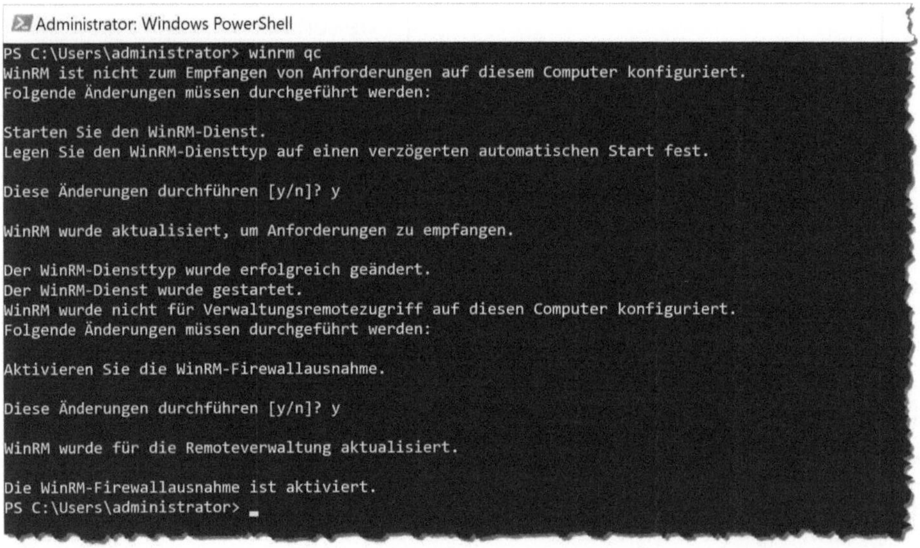

Abb. 4.9: *Aktivierung der Windows Remote-Verwaltung (WinRM) auf einem Clientcomputer unter Windows 10*

Gehen Sie wie folgt vor, um die Remoteverwaltung auf einem Computersystem unter Windows 10 für die anschließende Verwaltung des betreffenden Systems mithilfe des Windows Admin Center (WAC) zu aktivieren:

1. Melden Sie sich mit *administrativen* Rechten am zu konfigurierenden Computer unter Windows 10 an.

2. Starten Sie die *Windows PowerShell* mit *Administratorrechten*, geben Sie den folgenden Befehl ein, und drücken Sie anschließend die **Eingabetaste**:

   ```
   winrm quickconfig
   ```

3. Geben Sie **y** zur Bestätigung der Änderung des *WinRM-Diensttypen* auf den *automatischen Start* ein, und drücken Sie dann die **Eingabetaste**.

4. Geben Sie **y** ein, um eine *WinRM-Firewallausnahme* zu aktivieren, und drücken Sie anschließend die **Eingabetaste**.

Der Clientcomputer unter Windows 10 ist im Anschluss entsprechend auf die Remoteverwaltung vorbereitet, und kann nun als ein zu verwaltender Computer in das Windows Admin Center (WAC) aufgenommen werden.

HINWEIS! Auf dem mit dem Windows Admin Center (WAC) zu verwaltenden Computersystem muss der Windows Remote-Management-Dienst (WinRM) für die Remote-Verwaltung eingerichtet, und eine Firewall-Ausnahme konfiguriert sein. Auf den zu verwaltenden Clientcomputern kann man hierzu den Befehl **`winrm quickconfig`**, oder alternativ die Einstellungen für den WinRM-Client in den Gruppenrichtlinien entsprechend anpassen. Auf Windows-Serversystemen ist die Remoteverwaltung seit Windows Server 2008 R2 (Release 2) standardmäßig bereits aktiviert.

Alternativ: Gruppenrichtlinieneinstellungen

Alternativ kann die Konfiguration der Windows Remote-Verwaltung beispielsweise auch zentral in den Gruppenrichtlinien der *Active Directory-Domänendienste* (engl. *Active Directory Domain Services, AD DS*) vorgenommen werden. Dort kann die *Windows Remote-Verwaltung* (engl. *Windows Remote Management*, kurz: *WinRM*) innerhalb eines auf die zu konfigurierenden Clientcomputer angewendeten Gruppenrichtlinienobjektes im Abschnitt ***Computereinstellungen > Richtlinien > Administative Vorlagen > Windows-Komponenten > Windows-Remoteverwaltung > WinRM-Dienst*** mit der Richtlinie ***Remoteverwaltung über***

WinRM aktiviert werden. Die ebenso noch notwendige *Windows-Firewallausnahmeregel* muss man anschließend jedoch selbst auch noch konfigurieren. Details hierzu findet man ebenso innerhalb der Gruppenrichtlinienobjekte gleich auch in der textlichen Erklärung zur konfigurierbaren Richtlinie für den *WinRM-Dienst*.

4.8.2 Hinzufügen von Windows 10-Clientcomputern und Windows-Serversystemen zum WAC

Einzeln oder mittels „Massenimport"

Um Computersysteme mit dem Windows Admin Center (WAC) verwalten zu können, muss man zunächst die dazu notwendigen Schritte durchführen, um diese in der webbasierten Verwaltungskonsole des WAC hinzuzufügen. Dies kann einzeln in manuellen Schritten erfolgen. Alternativ besteht auch die Möglichkeit, Client- und Serversysteme beispielsweise mithilfe einer Textdatei zur Verwaltung in das Windows Admin Center (WAC) zu übernehmen.

4.8.2.1 Manuelles Hinzufügen von Client- und Serversystemen in das WAC

Das manuelle Hinzufügen der zu verwaltenden Client- und/oder Servercomputer in das Windows Admin Center (WAC) kann mithilfe einfacher Schritte durchgeführt werden.

Gehen Sie wie folgt vor, um einzelne Windows 10-Client- oder auch Windows-Serversysteme zur Verwaltung in das Windows Admin Center (WAC) aufzunehmen:

1. Wechseln Sie im *Windows Admin Center (WAC)* zum Abschnitt ***Alle Verbindungen***.

2. Klicken Sie unter *Alle Verbindungen* auf **+ Hinzufügen**.

3. Wählen Sie unter *Verbindungen hinzufügen* die Option

   Verbindung „Windows-PC" hinzufügen (um einen Clientcomputer unter Windows 10 hinzuzufügen)

   oder alternativ

Verbindung „Server" hinzufügen (um ein Windows-Serversystem hinzuzufügen)

4. Geben Sie den *Namen* des betreffenden Computersystems, sowie im Bedarfsfall die entsprechenden *Anmeldeinformationen* ein, und klicken Sie auf **Übermitteln**.

5. Die zu verwaltenden Computersysteme werden im Windows Admin Center (WAC) unter *Alle Verbindungen* übersichtlich in einer Liste angezeigt.

Alternativ zum Hinzufügen einzelner, zu verwaltender Systeme kann man diese auch gleich aus einer einfachen Textdatei, in der die Namen der betreffenden Computersysteme zeilenweise getrennt aufgeführt sind, importieren.

4.8.2.2 Import von Client- und Serversystemen mithilfe einer Importdatei

Alternativ zu dem manuellen Hinzufügen einzelner, zu verwaltender Windows 10-Client- und Windows-Servercomputer kann man dies - insbesondere in größeren Netzwerkumgebungen - problemlos mithilfe einer textbasierten Importdatei erledigen. Die Computernamen der in das Windows Admin Center (WAC) zur Verwaltung zu importierenden Computersysteme müssen in der Textdatei lediglich zeilenweise aufgeführt werden.

Textdatei mit Namen vorausgesetzt

Hinweis! Der Import von Serversystemen oder Windows 10-Clientcomputern in der grafischen Verwaltungskonsole des Windows Admin Center (WAC) mittels einer dazu entsprechend vorbereiteten Textdatei beschränkt sich jeweils einen einzigen *„Verbindungstyp"* - abhängig davon, in welchem Abschnitt der Import durchgeführt werden soll. Dies bedeutet, dass man während des Importvorgangs auf diesem Wege entweder nur Windows 10-Clientcomuter oder alternativ beispielsweise nur Windows-Serversysteme in das WAC importieren kann. Alternativ lassen sich über den Import mithilfe der Windows PowerShell gleichzeitig verschiedene „Verbindungstypen" im gleichen Vorgang in das WAC importieren. Details hierzu sind im nächsten Abschnitt dieses Kapitels enthalten.

Nachfolgend werden die Schritte aufgezeigt, um Windows-Servercomputer mithilfe einer dazu vorbereiteten Textdatei in das Windows Admin Center (WAC) zu importieren. Der Import von Windows 10-Clientcomputern erfolgt prinzipiell identisch - jedoch über die Option *Verbindung „Windows-PC" hinzufügen.*

Gehen Sie wie folgt vor, um eine Vielzahl von Windows-Servercomputersystemen mithilfe einer dazu zuvor erstellten, textbasierten Importdatei zwecks anschließender Verwaltung in das Windows Admin Center (WAC) zu importieren:

1. Wechseln Sie im *Windows Admin Center (WAC)* zum Abschnitt ***Alle Verbindungen***.
2. Klicken Sie unter *Alle Verbindungen* auf **+ Hinzufügen**.
3. Wählen Sie unter *Verbindungen hinzufügen* die Option **Serververbindung hinzufügen**.
4. Klicken Sie auf **Serverliste importieren**, dann auf **Durchsuchen**, und wählen Sie die für den Import zu verwendende Textdatei aus, in der die Namen der zu importierenden Computersysteme zeilenweise enthalten sind.
5. Klicken Sie zum *Starten* des Imports auf **Übermitteln**.

Die Namen der mithilfe der Import-Datei in das Windows Admin Center (WAC) importierten Computersysteme werden anschließend unter **Alle Verbindungen** angezeigt.

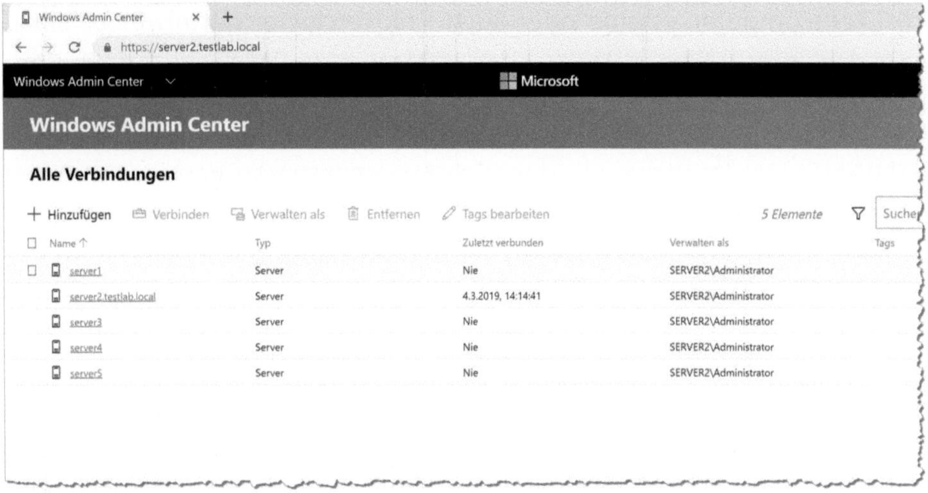

Abb. 4.10: *Namen der zuvor mithilfe einer Textdatei in das Windows Admin Center (WAC) importierten Computersysteme*

HINWEIS! Die zu verwaltenden Client- und Serversysteme müssen für den Import in das Windows Admin Center (WAC) nicht zwangsläufig im lokalen Computernetzwerk eingesetzt sein. Es ist ebenso möglich, die in der Azure-Cloud von Microsoft bereitgestellten, virtuellen Computersysteme mit dem Windows Admin Center (WAC) zu verwalten. Details hierzu sind in den späteren Seiten dieses Kapitels enthalten.

4.8.3 (Massen-)Import von „Verbindungen" mithilfe der Windows PowerShell

Import verschiedener Verbindungstypen gleichzeitig möglich

Eine weitere Alternative zum manuellen Hinzufügen einzelner Windows 10-Clientcomputer oder Serversysteme bzw. zum Import solcher Systeme mittels Textdatei innerhalb der grafischen Konsole des WAC stellt sicher der Import von „Verbindungen" (wie die zu verwaltenden Computersysteme oder auch Failovercluster im WAC bezeichnet werden) mithilfe der Windows PowerShell dar. Auf diesem Wege kann man gleich eine Vielzahl an „Verbindungen" in das WAC importieren - und der Import ist dabei nicht auf einen einzelnen Computertypen („Verbindungstyp") beschränkt. Während des Importvorgangs mithilfe der Windows PowerShell kann man problemlos Serversysteme und gleichzeitig beispielsweise auch Windows

10-Clientcomputersysteme oder auch Failovercluster mittels einer einzigen, dazu entsprechend vorbereiteten Datei in das Windows Admin Center (WAC) importieren.

> **HINWEIS!** Das Importieren oder auch Exportieren von *Verbindungen* mit dem Windows PowerShell-Modul wird nur unterstützt, wenn das Windows Admin Center (WAC) als Gateway auf einem Windows-Serversystem bereitgestellt wird.

4.8.3.1 Windows PowerShell-Befehle für den Import oder Export von Verbindungen

Das Windows Admin Center (WAC) umfasst ein *Windows PowerShell-Modul,* in dem die für den Import oder auch den Export von Verbindungen notwendigen Befehle enthalten sind.

- **Laden des Windows PowerShell-Moduls für den Import/Export**

  Das Modul kann man auf dem Windows Admin Center Gateway-Server mithilfe des folgenden Befehls in der Windows PowerShell laden:

  ```
  Import-Module „$env:ProgramFiles\Windows admin center\
  PowerShell\Modules\ConnectionTools“
  ```

- **Befehl für den Import von Verbindungen**

  Für den Import von Verbindungen in das WAC steht der folgende Befehl zur Verfügung:

  ```
  Import-Connection https://WAC.testlab.local -fileName
  „WAC-connections.csv“
  ```

- **Befehl für den Export vorhandener Verbindungen**

  Der folgende Befehl kann verwendet werden, um die im WAC bereits vorhandenen Verbindungen in eine CSV-Datei zu exportieren:

  ```
  Export-Connection https://WAC.testlab.local -fileName
  „WAC-connections.csv“
  ```

Der Aufbau der für den Import bzw. Export notwendigen CSV-Datei wird nachfolgend noch erläutert.

4.8.3.2 CSV-Dateiformat für den Import von Verbindungen mittels Windows PowerShell

Vorausgesetzt wird für den Import sogenannter *„Verbindungen"* mit der Windows PowerShell - vergleichbar beispielsweise mit dem Import von Computersystemen mittels Importdatei (Textdatei) in grafischen WAC - eine entsprechende, inhaltlich aufbereitete Datei. Diese Datei muss jedoch als *„kommagetrennte"* Datei (.CSV-Datei) verfügbar sein, und inhaltlich drei - namentlich klar vorgegebene - Überschriften in der ersten Zeile besitzen.

Überschriftszeile: obligatorisch

Notwendige Überschriftszeile im festen Format

Die Überschrift in der ersten Zeile der .CSV-Datei für den Import muss die folgenden Werte besitzen:

"name","type","tags"

Erklärung:

Die einzelnen Bestandteile der Überschriftszeile beschreiben sich wie folgt:

- **„name"** steht dabei für den vollqualifizierten Namen der „Verbindung"
- **„type"** steht für den „Verbindungstyp"
- **„tags"** steht für einen oder gleich mehrere Tags, die für die bessere Suche und Orientierung im Windows Admin Center verwendet werden können. Mehrere Tags können durch die Trennung mit dem „Pipe"-Zeichen (|) nacheinander aufgeführt werden.

Verbindungstypen und deren Schreibweise in der CSV-Datei

Das Windows Admin Center (WAC) unterstützt im Rahmen der Verwaltung verschiedene „Verbindungstypen", die man auch beim Import der zu verwaltenden Ressourcen in der CSV-Datei entsprechend angeben muss.

Die folgende Tabelle enthält die vom Windows Admin Center (WAC) unterstützten Verbindungstypen und deren „Verbindungszeichenfolge", die in der CSV-basierten Importdatei entsprechend deklariert werden müssen:

Verbindungstyp	Verbindungszeichenfolge
Windows Server-systeme	msft.SME.Connection-type.server
Windows 10-Clientcomputer	msft.SME.Connection-type.windows-client
Failovercluster	msft.SME.Connection-type.cluster
Zusammengeführte Cluster	msft.SME.Connection-type.hyper-converged-cluster

Tab. 4.3: *Die verschiedenen, vom Windows Admin Center (WAC) unterstützne Verbindungstypen und deren jeweilige Verbindungszeichenfolge*

Die jeweilige *Verbindungszeichenfolge* muss in der Importdatei unter **"type"** für den jeweils zu importierenden Verbindungstyp entsprechend deklariert werden.

Beispiel einer CSV-Datei für den Import von Verbindungen

Nachfolgend sehen Sie ein Beispiel einer für den Import von Verbindungen mit der Windows PowerShell verwendbaren CSV-Datei:

```
"name","type","tags"
"SRV1.testlab.local","msft.sme.connection-type.server","WS2019|DC"
"SRV2.testlab.local","msft.sme.connection-type.server","WS2016|FS"
"CL1.testlab.local",msft.sme.connection-type.windows-client","win10"
"CL3.testlab.local",msft.sme.connection-type.windows-client","win10"
```

Wie dies im Aufbau der oben abgebildeten Beispieldatei zu sehen ist, können problemlos verschiedene „Verbindungen", wie hier im Beispiel Windows 10-Clientcomputer und auch Windows-Serversysteme innerhalb eines einzigen Importvorgangs mithilfe der Windows PowerShell in das

Windows Admin Center (WAC) importiert werden. Dies stellt sicher insbesondere in großen bis sehr großen Computernetzwerken einen bedeutenden Vorteil für die Praxis dar.

Nach dem Hinzufügen eines oder gleich mehrerer Windows 10-Clientcomputer oder auch Windows-Serversysteme zum Windows Admin Center (WAC) stehen diese nun für die möglichen Verwaltungsschritte zur Verfügung.

4.8.4 Beispiele für die Verwaltung von Windows-Servercomputern

Nach dem Hinzufügen von Client- und/oder Servercomputern zum Windows Admin Center (WAC) kann man mit der Verwaltung der betreffenden Computersysteme beginnen. Die Verwaltung kann sich dabei beispielsweise auf das Bereitstellen bestimmter Serverrollen oder Features, oder auch die Anpassung vorhandener Konfigurationen beziehen. In den Tabellen im vorherigen Abschnitt wurden die verschiedenen Verwaltungstools und -optionen bereits aufgelistet und erläutern.

Vielfältige Verwaltungsmöglichkeiten

Sehen Sie nachfolgend nun einige Beispiele für die mögliche Verwaltung von Windows-Serversystemen mit dem Windows Admin Center (WAC).

4.8.4.1 Hinzufügen der Rolle „Webserver"

Nach dem Hinzufügen von Windows-Serversystemen zum Windows Admin Center (WAC) kann man diesen gleich aus der grafischen Konsole des WAC heraus beispielsweise neue Rollen, Rollendienste oder Features zuweisen. In umgekehrter Weise lassen sich Rollen, Rollendienste oder auch Features zu einem späteren Zeitpunkt im Bedarfsfall mithilfe der grafischen Konsole des WAC von den damit verwalteten Serversystemen ebenso wiederum entfernen.

Gehen Sie wie folgt vor, um einem mit dem Windows Admin Center (WAC) verwalteten Windows-Server die Rolle „Webserver" zuzuweisen:

1. Wechseln Sie im *Windows Admin Center (WAC)* zum Abschnitt ***Alle Verbindungen***.
2. Klicken Sie unter *Alle Verbindungen* auf den **Namen** des zu verwaltenden Computersystems.
3. Klicken Sie im linken Fensterabschnitt unter *Tools* auf **Rollen und Funktionen**.
4. Wechseln Sie im Detailfenster unter *Rollen und Funktionen* zu **Webserver**, markieren Sie das Kontrollkästchen vor *Webserver (IIS)*, und klicken Sie dann im oberen Fensterabschnitt auf **+Installieren**.

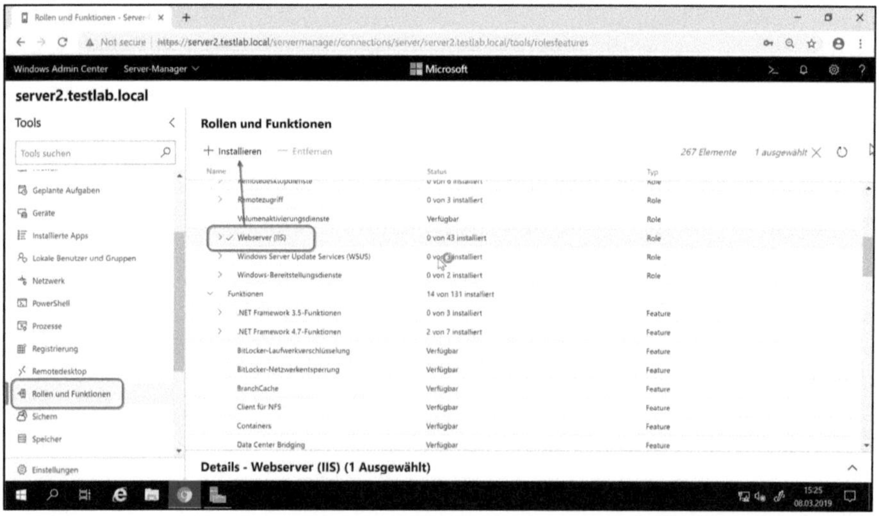

Abb. 4.11: *Auswahl der Rolle „Webserver" zur Installation im WAC*

5. Kontrollieren Sie im Abschnitt *Rollen und Funktionen installieren* die Auswahl, aktivieren Sie im Bedarfsfall das *Kontrollkästchen*, dass der Server im Bedarfsfall automatisch gestartet werden soll, und klicken Sie dann auf **Ja**.

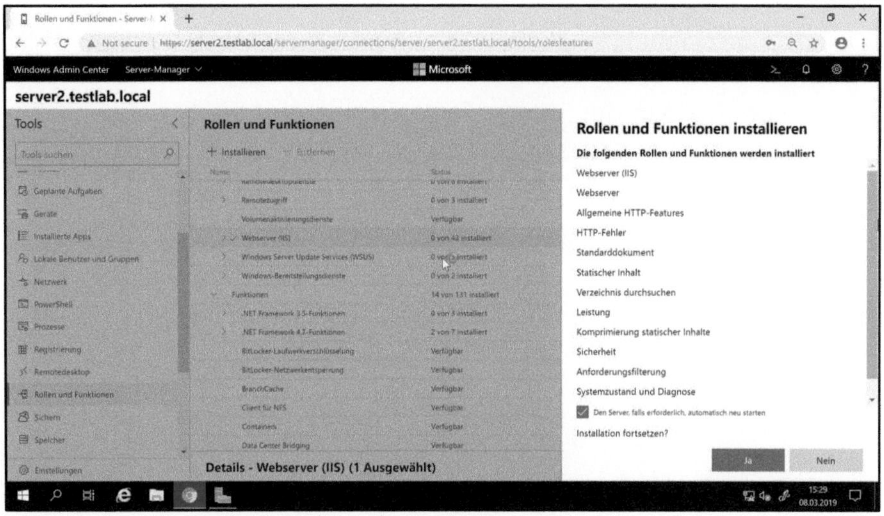

Abb. 4.12: *Bestätigung der Rollenauswahl zur Installation*

6. Den *Fortschritt* der Rolleninstallation kann man sich durch einen Klick auf das **Benachrichtigungssymbol** des WAC in der oberen, rechten Ecke des Dialogfensters unter „*Benachrichtigungen*" anzeigen lassen.

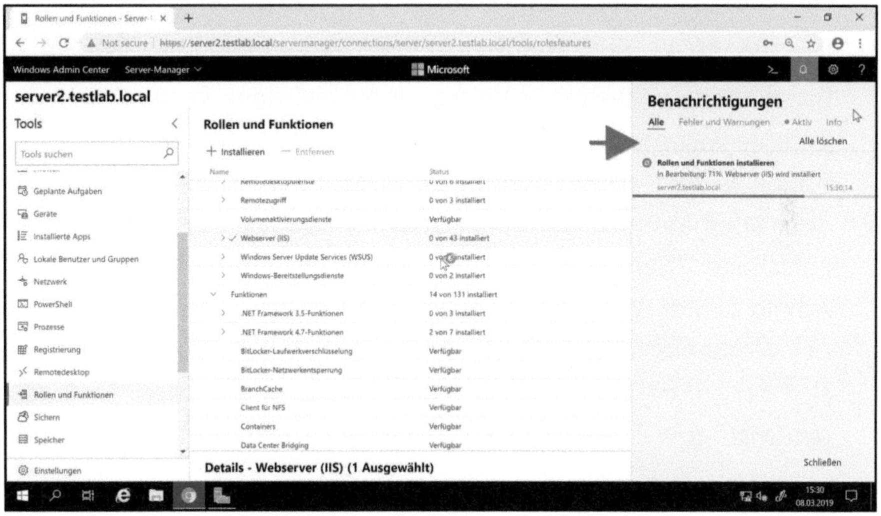

Abb. 4.13: *Anzeige des Installationsfortschritts unter „Benachrichtigungen"*

7. Nach Abschluss der Installation der Rolle *„Webserver (IIS)"* wird der Installationsstatus unter *Rollen und Funktionen* gleich neben dem *Namen* der Rolle in der Spalte *„Status"* angezeigt.

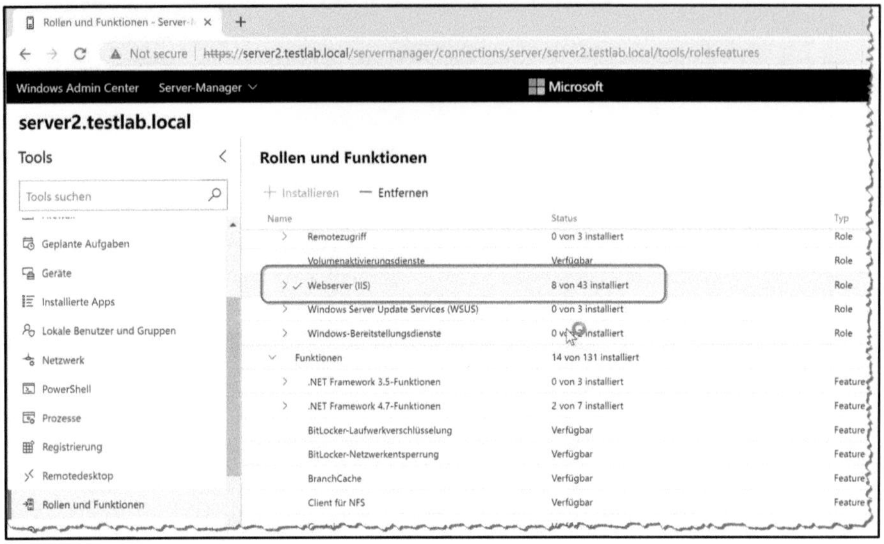

Abb. 4.14: *Anzeige des Installationsstatus der Rolle „Webserver"*

Verwaltung der Rolle mit den „Standard-Tools"

Die installierte Rolle *„Webserver (IIS)"* steht nach dem Abschluss der Installation zur weiteren Verwendung auf dem Serversystem bereit. Zum Verwalten der Webserver-Rolle kann man sich aus dem Windows Admin Center (WAC) heraus beispielsweise mittels *Remotedesktop* oder alternativ der *Windows PowerShell* auf den betreffenden Server aufschalten, dem man zuvor die Rolle zugewiesen hat. Das Windows Admin Center (WAC) umfasst selbst (noch) keine Tools zur Verwaltung der Webserver-Rolle. Anders sieht das beispielsweise aus, wenn man sich der auf den Windows-Serversystemen enthaltenen Rolle der *Dateidienste* zuwendet.

4.8.4.2 Einrichten einer Dateifreigabe

Gleichsam einfach, wie das Hinzufügen neuer Rollen, Rollendienste oder Features lassen sich beispielsweise auch die *Dateidienste* eines zuvor zum Windows Admin Center (WAC) hinzugefügten Serversystems darin auch verwalten. Beispielsweise kann man die auf dem betreffenden Server vorhandenen Dateien und Ordner verwalten, oder im Bedarfsfall im WAC auch gleich Dateifreigaben einrichten.

WICHTIG! Der mithilfe des Windows Admin Center (WAC) auf einem Serversystem mittels Dateifreigabe im Computernetzwerk für Benutzer freizugebende Ordner muss bereits bestehen. Im Bedarfsfall kann man einen neuen Ordner im Windows Admin Center (WAC) vorweg über den Abschnitt *Dateien* auf dem Server erstellen, bevor man diesen dann in einem weiteren Schritt über den Abschnitt *Speicher* für die Verwendung im Computernetzwerk als Dateifreigabe bereitstellt.

Nachfolgend sehen Sie auch hierzu ein Beispiel:

Gehen Sie wie folgt vor, um auf einem mit dem Windows Admin Center (WAC) verwalteten Windows-Server eine einfache Dateifreigabe mithilfe eines dazu neu angelegten Ordners einzurichten:

1. Wechseln Sie im *Windows Admin Center (WAC)* zum Abschnitt ***Alle Verbindungen***.

2. Klicken Sie unter *Alle Verbindungen* auf den **Namen** des zu verwaltenden Computersystems.

3. Klicken Sie im linken Fensterabschnitt unter *Tools* auf **Dateien**, und dann im Detailfenster im Abschnitt *Dateien* auf das Laufwerk **> C:**.

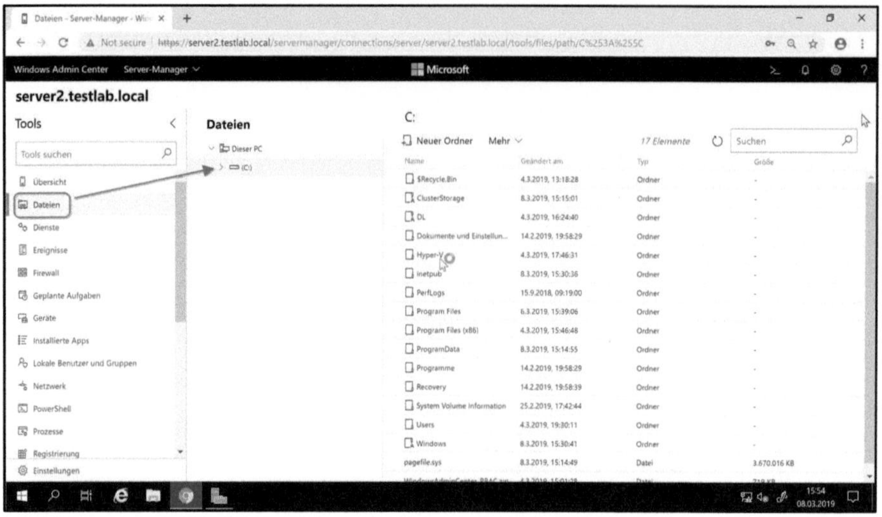

Abb. 4.15: *Wechsel zum Ziellaufwerk zum Erstellen eines neuen Ordners*

4. Klicken Sie im Detailfenster auf **Neuer Ordner**, geben Sie im Abschnitt *Neuen Ordner erstellen* den gewünschten *Namen* für den neu zu erstellenden Ordner ein, und klicken Sie dann auf **Übermitteln**.

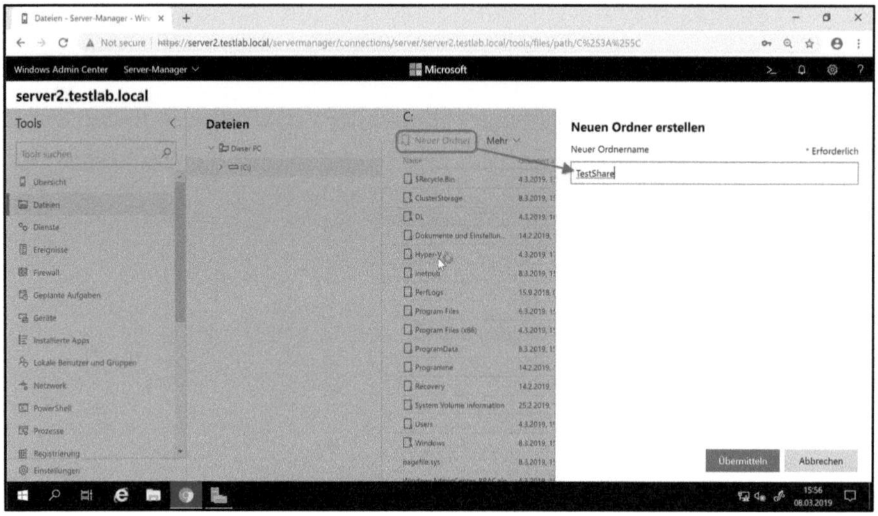

Abb. 4.16: *Erstellen eines neuen Ordners im WAC*

Der neue Ordner wird angelegt. Die *Statusmeldungen* über den Verlauf werden im rechten Fensterabschnitt unter *Benachrichtigungen* angezeigt.

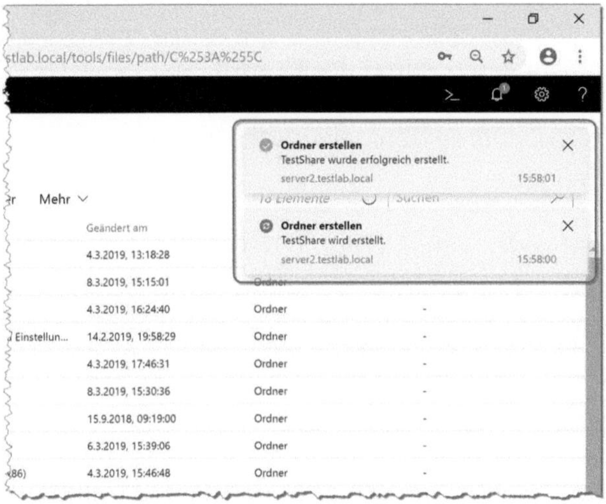

Abb. 4.17: *Statusmitteilungen während des Erstellens eines neuen Ordners*

5. Klicken Sie im linken Fensterabschnitt unter *Tools* auf **Speicher**, und dann im Detailfenster auf **Fileshares** (*Dateifreigaben*).

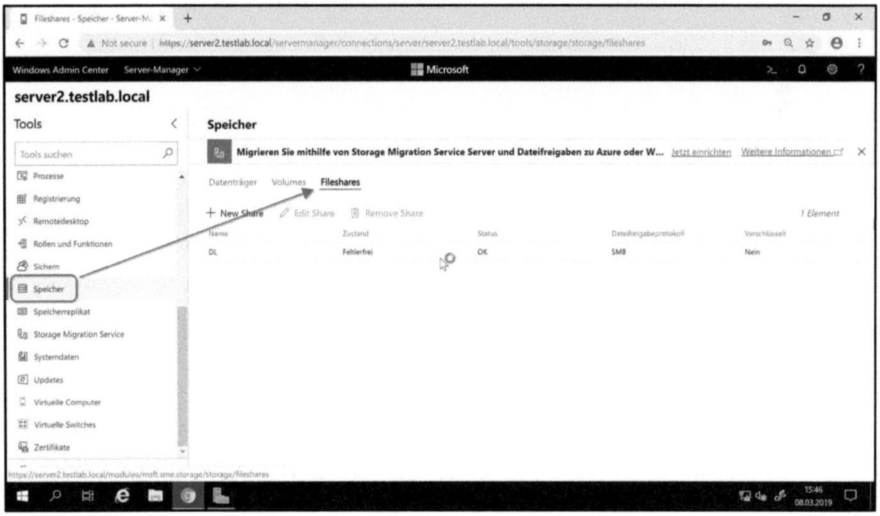

Abb. 4.18: *Dateifreigaben (FileShares) im Abschnitt Speicher*

6. Klicken Sie auf **+File Share** (*Dateifreigabe*), geben Sie den *Ordnerspeicherort* für die Dateifreigabe an.

> ***WICHTIG!*** Der Ordner muss zur Einrichtung einer Dateifreigabe bereits vorhanden sein. Im Bedarfsfall wechseln Sie zurück zum Abschnitt *Dateien*, und erstellen Sie einen neuen Ordner für die Dateifreigabe.

7. Geben Sie im Feld *Freigabename* den gewünschten *Namen* für die neu zu erstellende Dateifreigabe ein.

8. Geben im Feld *Gruppe- oder Benutzername* den entsprechenden Namen einer lokalen oder domänenbasierten Sicherheitsgruppe (beispielsweise ***testlab\it-admins***) und/oder eines lokalen oder domänenbasierten Benutzers ein (beispielsweise ***testlab\cwestbrook***), und klicken Sie dann auf **Hinzufügen**.

9. Legen Sie im Abschnitt *Berechtigung* die gewünschte Berechtigung für den neuen Eintrag fest, und klicken Sie dann auf **Übermitteln**.

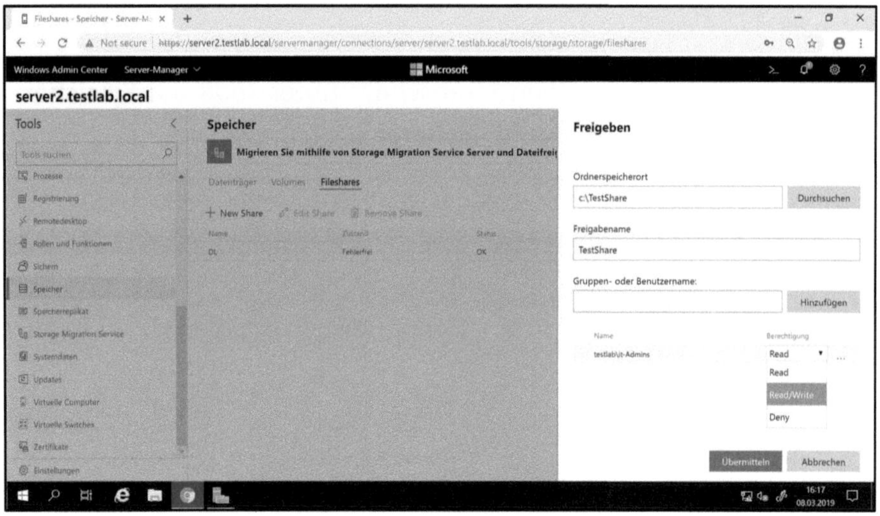

Abb. 4.19: *Erstellen einer neuen Dateifreigabe im WAC*

10. Die neu erstellte Dateifreigabe wird im WAC unter *Speicher* angezeigt, und kann dort über einen Klick auf **Edit Share** im Bedarfsfall weiter angepasst werden.

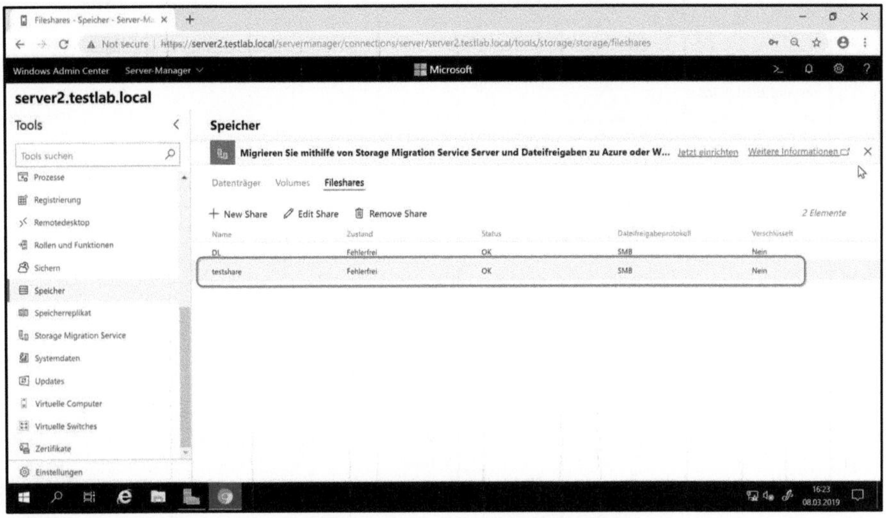

Abb. 4.20: *Auflistung vorhandener Dateifreigaben*

4.8.4.3 Anzeigen der Ereignisprotokolle

Aus dem Windows Admin Center (WAC) heraus kann man nicht nur Rollen, Rollendienste und Features verwalten, sondern sich im Bedarfsfall beispielsweise auch von zentraler Stelle aus die Ereignisprotokolle der damit verwalteten Serversysteme (oder auch Windows 10-Clients) anzeigen lassen. Nachfolgend sehen Sie hierzu ein Beispiel:

Gehen Sie wie folgt vor, um die Ereignisprotokolle eines mit dem Windows Admin Center (WAC) verwalteten Windows-Servers anzeigen zu lassen:

1. Wechseln Sie im *Windows Admin Center (WAC)* zum Abschnitt ***Alle Verbindungen***.

2. Klicken Sie unter *Alle Verbindungen* auf den **Namen** des zu verwaltenden Computersystems.

3. Klicken Sie im linken Abscnitt unter *Tools* auf **Ereignisse**, und im Detailfenster im Abschnitt *Ereignisse* dann auf das gewünschte ***Ereignisprotokoll***.

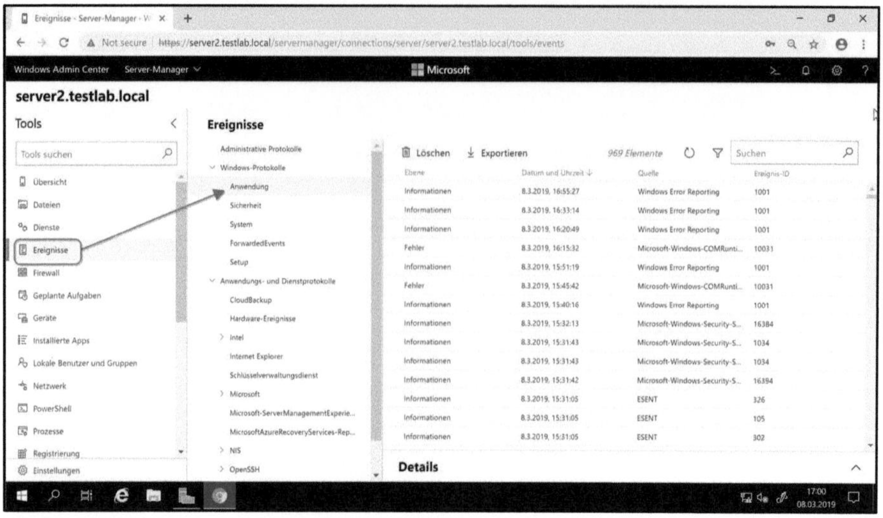

Abb. 4.21: *Auswahl des anzuzeigenden Ereignisprotokolls eines mit dem WAC verwalteten Serversystems*

4. Die einzelnen Einträge des ausgewählten *Ereignisprotokolls* werden in der rechten Fensterhälfte angezeigt. Über einen Klick auf die angezeigten ***Ereignisse*** werden im unteren Fensterbereich die *Details* dazu ebenso angezeigt.

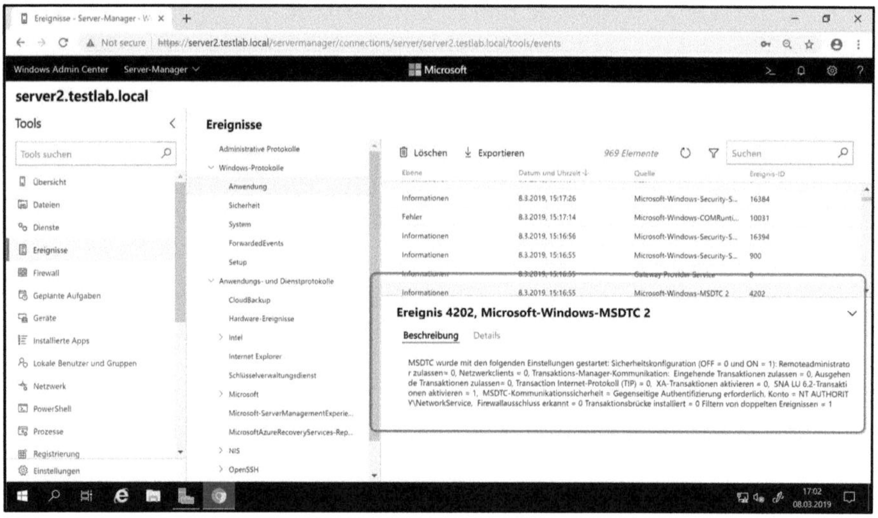

Abb. 4.22: *Anzeige der Ereignisdetails in der Ereignisanzeige eines mit dem WAC verwalteten Serversystems*

4.8.5 Beispiele für die Verwaltung von Windows 10-Clientcomputer

Neben Windows-Serversystemen kann man auch Windows 10-Clientcomputer mit dem Windows Admin Center (WAC) von einer zentralen Stelle aus verwalten. Die Verwaltung der Clientcomputer verläuft mit dem WAC hierbei gleichermaßen, wie auch die der damit verwalteten Windows-Serversysteme. Sehen Sie nachfolgend auch hierzu einige Beispiele:

4.8.5.1 Anzeigen und Verwalten von Prozessen

Die ausgeführten Prozesse eines dem Windows Admin Center (WAC) zuvor für die Verwaltung bereits hinzugefügten Windows 10-Clientcomputers kann man sich in der grafischen Verwaltungskonsole des WAC mithilfe einfacher Schritte anzeigen lassen - oder diese im Bedarfsfall sogar beenden.

Gehen Sie wie folgt vor, um die auf einem mit Windows Admin Center (WAC) verwalteten Windows 10-Clientcomputer ausgeführten Prozesse in der grafischen Verwaltungskonsole des WAC anzeigen zu lassen:

1. Wechseln Sie im *Windows Admin Center (WAC)* zum Abschnitt ***Alle Verbindungen***.
2. Klicken Sie unter *Alle Verbindungen* auf den **Namen** des zu verwaltenden Windows 10-Clientcomputers.
3. Klicken Sie im linken Fensterabschnitt unter *Tools* auf **Prozesse**.
4. Die aktuell ausgeführten Prozesse werden im *Detailfenster* angezeigt. Mehr Details hierzu erfährt man durch einen Klick auf einen der vorhandenen ***Prozesse*** im unteren Fensterabschnitt.

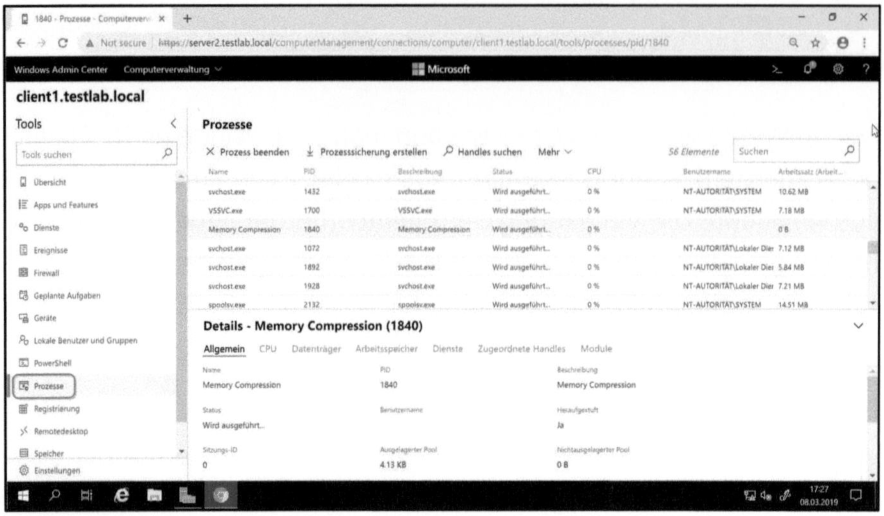

Abb. 4.23: *Anzeige der aktuell ausgeführten Prozesse auf einem Windows 10-Clientcomputer im WAC*

4.8.5.2 Aktivieren des Features „Containers"

Wie dies auch lokal unter Windows 10 möglich ist, so kann man auch auf den mit dem Windows Admin Center (WAC) verwalteten Windows 10-Clientcomputern die im Umfang des Clientbetriebssystems enthaltenen Features (Funktionen) nach Bedarf aktivieren oder auch deaktivieren. Sehen Sie hierzu ein Beispiel anhand des Features „*Containers*".

Gehen Sie wie folgt vor, um das auf einem mit Windows Admin Center (WAC) verwalteten Windows 10-Clientcomputer im Umfang des Clientbetriebssystems enthaltene Feature „Containers" mithilfe der grafischen Verwaltungskonsole des WAC zu aktivieren:

1. Wechseln Sie im *Windows Admin Center (WAC)* zum Abschnitt ***Alle Verbindungen***.

2. Klicken Sie unter *Alle Verbindungen* auf den **Namen** des zu verwaltenden Windows 10-Clientcomputers.

3. Klicken Sie im linken Fensterabschnitt unter *Tools* auf **Apps und Features**.

4. Klicken Sie im Detailfenster im Abschnitt *Apps und Features* auf **Funktionen**, aktivieren Sie das Kontrollkästchen vor „***Containers***", und klicken Sie in der oberen Bildschirmhälfte auf **Aktivieren**.

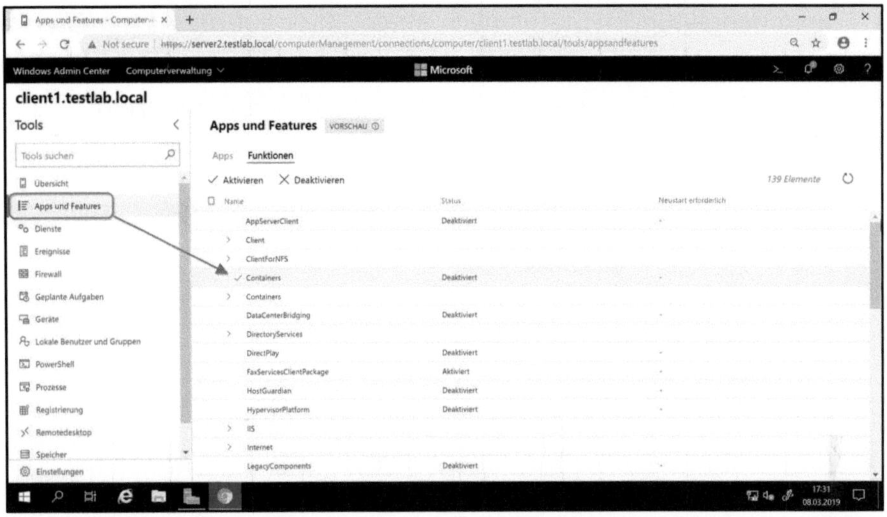

Abb. 4.24: *Auswahl des Features „Containers" eines Windows 10-Clientcomputers zum Aktivieren über das Windows Admin Center (WAC)*

5. Das ausgewählte Feature wird auf dem Windows 10-Clientcomputer installiert. Den Status kann man sich im Abschnitt ***Benachrichtigungen*** in der oberen, rechten Hälfte des WAC-Fensters anzeigen lassen.

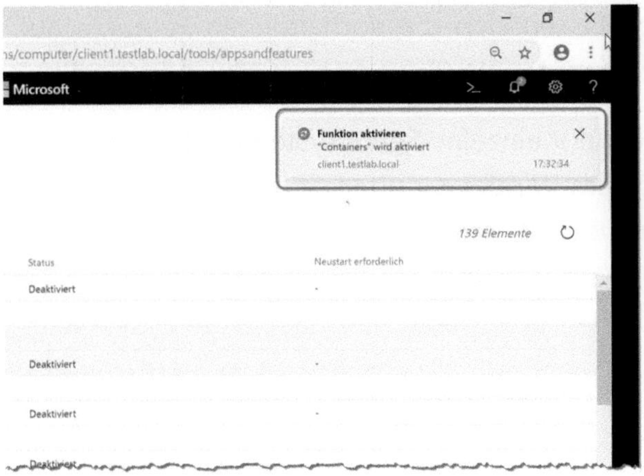

Abb. 4.25: *Statusmeldung während der Feature-Aktivierung im Windows Admin Center (WAC)*

6. Nach dem Abschluss der Aktivierung des Features *„Containers"* erhält man den aktuellen Status nach einem Klick auf die ***Aktualisierungsschaltfläche*** in der oberen, rechten Dialogecke. In der Zeile *„Containers"* wird der Status anschließend mit *„Aktiviert"* angezeigt.

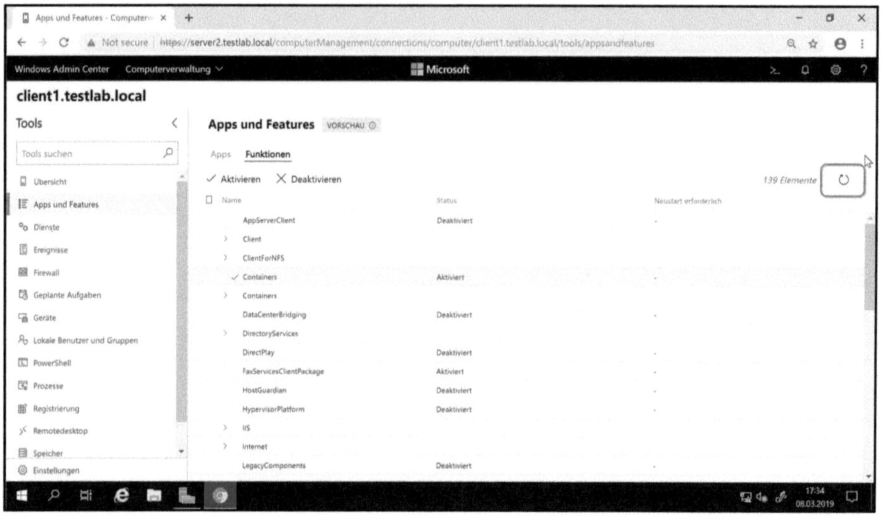

Abb. 4.26: *Aktualisierung des Status für das Feature „Containers" eines Windows 10-Clientcomputers im Windows Admin Center (WAC)*

Auf gleichem Wege lassen sich die vorhandenen Features auf den Windows 10-Clientcomputern im Bedarfsfall auch wieder deaktivieren.

Natürlich lassen sich nicht nur einzelne Serversysteme oder auch Windows 10-Clientcomputer mit dem Windows Admin Center (WAC) von zentraler Stelle aus verwalten. Ein weiteres Beispiel befasst sich nachfolgend mit der Verwaltung von Hyper-V-Servern und den darauf bereitgestellten, virtuellen Maschinen.

4.9 Verwalten von Hyper-V-Servern und virtuellen Maschinen

Das Windows Admin Center (WAC) ermöglicht u. a. die Verwaltung von Serversystemen, auf denen die Hyper-V-Rolle für die Virtualisierung von Computersystemen installiert ist. Dabei werden Windows-Serversysteme mit Desktopdarstellung und grafischer Oberfläche genauso unterstützt, wie auch die als Server Core-Installation bereitsgestellten Serversysteme.

Server Core ebenso unterstützt

4.9.1 Hinzufügen von Hyper-V-Hostcomputern zum Windows Admin Center (WAC)

Damit man Hyper-V-Server, sowie auch die darauf bereitgestellten, virtuellen Computersysteme mit dem Windows Admin Center (WAC) verwalten kann, muss man die Hyper-V-Hostsysteme zunächst in die webbasierte Verwaltungskonsole des WAC aufnehmen. Die einzelnen Schritte hierzu sind identisch mit denen zum Hinzufügen einzelner Serversysteme zum Windows Admin Center (WAC).

Gehen Sie wie folgt vor, um einen Hyper-V-Hostserver zwecks anschließender Verwaltung manuell zum Windows Admin Center (WAC) hinzuzufügen:

1. Wechseln Sie im *Windows Admin Center (WAC)* zum Abschnitt ***Alle Verbindungen***.
2. Klicken Sie unter *Alle Verbindungen* auf **+ Hinzufügen**.
3. Wählen Sie unter *Verbindungen hinzufügen* die Option **Verbindung „Server" hinzufügen**.
4. Geben Sie den *Namen* des betreffenden Hyper-V-Hostcomputersystems, sowie im Bedarfsfall die entsprechenden *Anmeldeinformationen* ein, und klicken Sie auf **Übermitteln**.
5. Das zu verwaltende Computersystem wird im Windows Admin Center (WAC) unter *Alle Verbindungen* übersichtlich in einer Liste angezeigt.

PRAXISTIPP! Alternativ zum Hinzufügen einzelner, zu verwaltender Serversysteme kann man diese auch gleich aus einer einfachen Textdatei, in der die Namen der betreffenden Computersysteme zeilenweise getrennt aufgeführt sind, importieren. Alternativ lässt sich dies auch mithilfe der Windows PowerShell erledigen. Die hierzu notwendigen Schritte sind in den vorherigen Abschnitten dieses Kapitels detailliert beschrieben.

4.9.2 Ausführbare Verwaltungsaufgaben rund um Hyper-V im Windows Admin Center

Das Windows Admin Center (WAC) ermöglicht unter anderem die folgenden Verwaltungsaufgaben rund um Hyper-V-Server und auch der darauf bereitgestellten, virtuelle Maschinen:

- Überwachen der Ressourcen und Leistung von Hyper-V-Hosts
- Erstellen und Verwalten virtueller Switches
- Erstellen und Verwalten neuer virtueller Computer
- Anzeige der Inventardarstellung vorhandener, virtueller Computer
- Anpassung der Einstellungen vorhandener Computer
- Livemigration von virtuellen Computern zu anderen Hyper-V-Server
- Erweiterte Verwaltung und Problembehandlung einzelner, virtueller Computer
- Hyper-V-Ereignisprotokolle anzeigen
- Schützen von virtuellen Computern mit Azure Site Recovery

Die möglichen Verwaltungsaufgaben werden nachfolgend anhand verschiedener Beispiele dargestellt.

4.9.2.1 Überwachen der Ressourcen und Leistung von Hyper-V-Hosts

Das WAC ermöglicht die Überwachung der auf einem Hyper-V-Host vorhandenen Ressourcen, sowie auch deren Leistungsverhalten auf dem betreffenden Serversystem.

Gehen Sie wie folgt vor, um sich die Ressourcen eines Hyper-V-Hosts, sowie auch deren aktuelle Auslastung im Windows Admin Center (WAC) anzeigen zu lassen:

1. Wechseln Sie im *Windows Admin Center (WAC)* zum Abschnitt ***Alle Verbindungen***.
2. Klicken Sie unter *Alle Verbindungen* auf den **Namen** des zu verwaltenden *Computersystems* mit aktivierter Hyper-V-Serverrolle.
3. Klicken Sie in der *Tools*-Leiste auf **Virtuelle Computer**, und scrollen Sie dann im rechten Fensterbereich nach unten bis die aktuellen Leistungsdaten angezeigt werden.

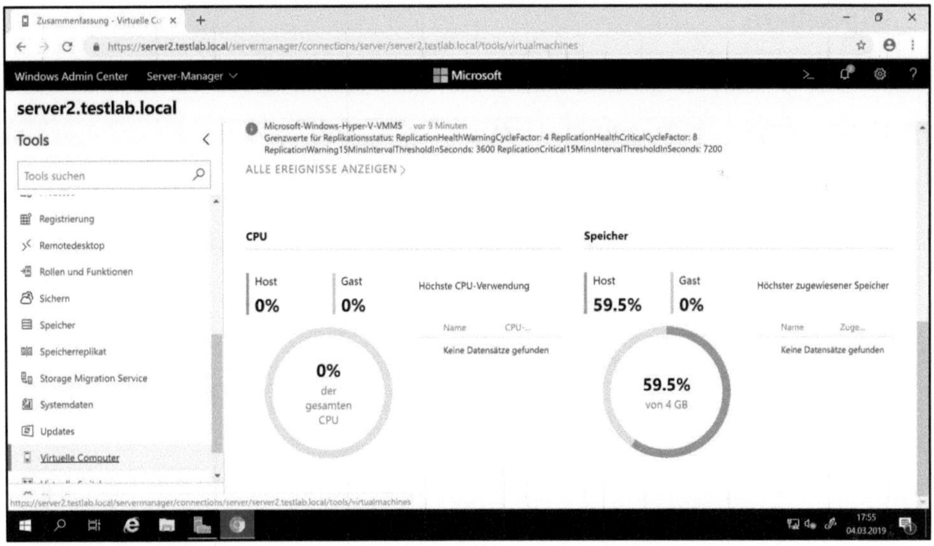

Abb. 4.27: *Anzeige der aktuellen Leistungsdaten eines Hyper-V-Hostcomputers im Windows Admin Center (WAC)*

4.9.2.2 Erstellen und Verwalten virtueller Switches

Das Windows Admin Center (WAC) ermöglicht im Rahmen der Verwaltung der Hyper-V-Serverrolle u. a. auch das Erstellen und auch Verwalten der für die Virtualisierung notwendigen, virtuellen Switches.

Gehen Sie wie folgt vor, um einen neuen, virtuellen Switch mithilfe des Windows Admin Center (WAC) auf einem Serversystem mit installierter Hype-V-Serverrolle bereitzustellen:

1. Wechseln Sie im *Windows Admin Center (WAC)* zum Abschnitt ***Alle Verbindungen***.
2. Klicken Sie unter *Alle Verbindungen* auf den **Namen** des zu verwaltenden *Computersystems* mit aktivierter Hyper-V-Serverrolle.
3. Klicken Sie in der *Tools*-Leiste auf **Virtuelle Switches**, und dann im oberen Fensterbereich auf **+Neu**.
4. Geben Sie den *Namen* des neu zu erstellenden, virtuellen Switches ein, wählen Sie den gewünschten *Switchtyp* aus, und klicken Sie dann auf **Speichern**.

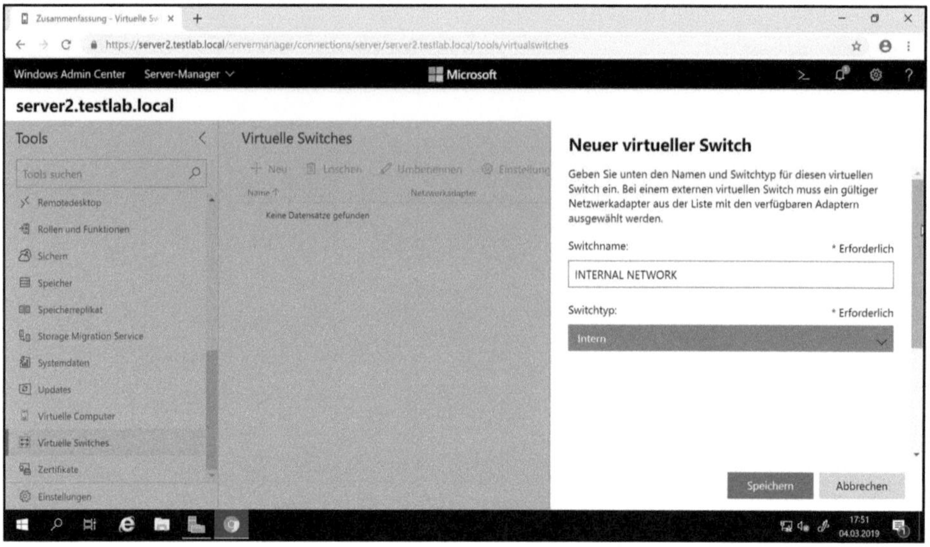

Abb. 4.28: *Erstellen eines neuen, virtuellen Switches im WAC*

Der mithilfe der vorangegangenen Schritte neu erstellte, virtuelle Switch wird anschließend im Windows Admin Center (WAC) im Abschnitt *Virtuelle Switches* angezeigt, und kann dort im Bedarfsfall auch verändert oder im Bedarfsfall auch wieder entfernt werden.

4.9.2.3 Erstellen neuer virtueller Computer

Das Windows Admin Center (WAC) ermöglicht nicht nur die Verwaltung von Serversystemen, wie Hyper-V-Servern, sondern auch der darauf bereitgestellten, virtuellen Computer. Auch besteht die Möglichkeit, neue, virtuelle Computer mithilfe des WAC auf einem Serversystem mit installierter Hyper-V-Rolle zu erstellen und zu konfigurieren.

Gehen Sie wie folgt vor, um einen neuen, virtuellen Computer mithilfe des Windows Admin Center (WAC) auf einem Serversystem mit installierter Hype-V-Serverrolle bereitzustellen:

1. Wechseln Sie im *Windows Admin Center (WAC)* zum Abschnitt ***Alle Verbindungen***.

2. Klicken Sie unter *Alle Verbindungen* auf den **Namen** des zu verwaltenden *Computersystems* mit aktivierter Hyper-V-Serverrolle.

3. Klicken Sie in der *Tools*-Leiste auf **Virtuelle Computer**, und dann im oberen Fensterbereich auf **Inventar**.

4. Klicken Sie auf **+Neu**, geben Sie den *Namen* des neu zu erstellenden, virtuellen Computer ein, bestimmen Sie die weitere *Konfiguration* für die virtuellen Prozessoren, den Arbeitsspeicher, die Netzwerkkonfiguration und auch den gewünschten Festplattenspeicher, und klicken Sie anschließend auf **Erstellen**.

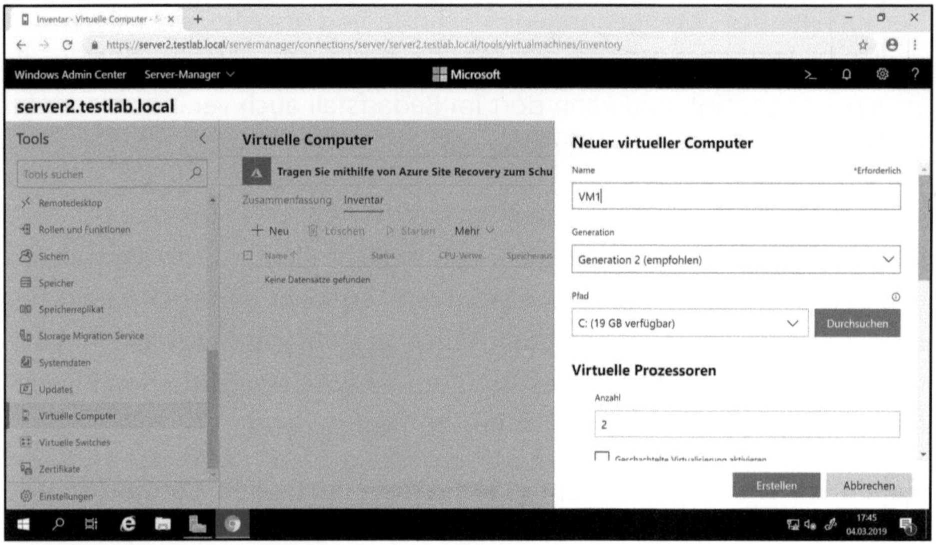

Abb. 4.29: *Erstellen eines neuen, virtuellen Computers im WAC*

Der neue, virtuelle Computer wird erstellt, und anschließend in der Seite *Virtuelle Computer* unter *Inventar* angezeigt.

4.9.2.4 Anpassung der Einstellungen virtueller Computer

Das Windows Admin Center (WAC) ermöglicht nicht nur die Verwaltung von Serversystemen, wie Hyper-V-Servern, sondern beispielsweise auch der Einstellungen der darauf bereitgestellten, virtuellen Computer.

Gehen Sie wie folgt vor, um die Einstellungen eines vorhandenen, virtuellen Computers mithilfe des Windows Admin Center (WAC) auf einem Serversystem mit installierter Hype-V-Serverrolle anzupassen:

1. Wechseln Sie im *Windows Admin Center (WAC)* zum Abschnitt ***Alle Verbindungen***.
2. Klicken Sie unter *Alle Verbindungen* auf den **Namen** des zu verwaltenden *Computersystems* mit aktivierter Hyper-V-Serverrolle.
3. Klicken Sie in der *Tools*-Leiste auf **Virtuelle Computer**, und dann im oberen Fensterbereich auf **Inventar**.

4. Klicken Sie auf den Namen des zu konfigurierenden, virtuellen Computers, dann auf **Mehr**, und auf **Einstellungen**.

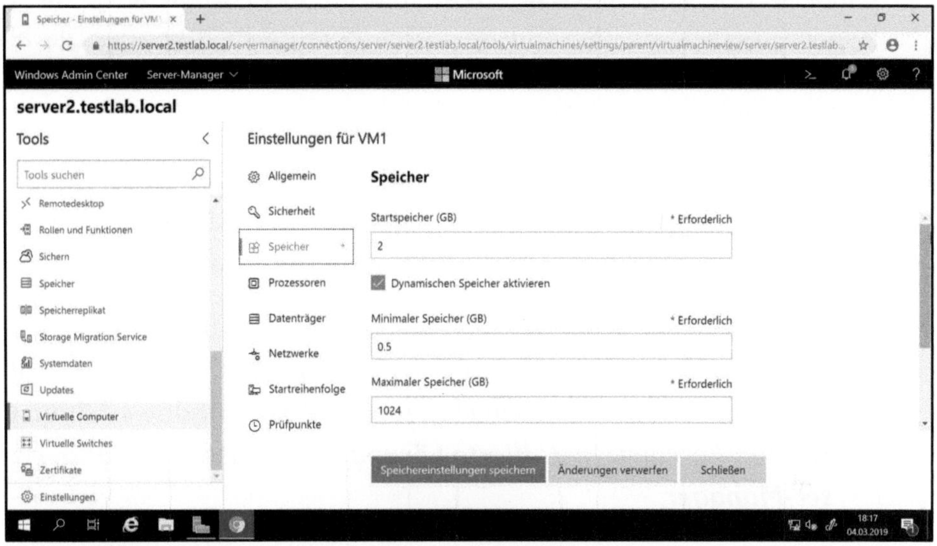

Abb. 4.30: *Konfiguration der Einstellungen eines virtuellen Computers im Windows Admin Center (WAC)*

5. Nehmen Sie die gewünschten *Einstellungen* für den virtuellen Computer vor, und klicken Sie dann auf die entsprechende Schaltfläche zum ***Speichern*** der vorgenommenen Änderungen.

6. Klicken Sie anschließend auf **Schließen**, um die *Einstellungen* des virtuellen Computers wieder zu verlassen.

4.9.2.5 Live-Migration von virtuellen Computern zu anderen Hyper-V-Servern

Verschieben ohne Unterbrechung

Das Windows Admin Center (WAC) kann neben der Verwaltung einzelner Computersysteme auch zur zentralen Verwaltung von zum Beispiel vorhandener Hyper-V-Cluster verwendet werden. In einem solchen Szenario kann man die darin bereitgestellten, virtuellen Computer mittels „Live-Migration" dann gleich ebenso direkt auch vom WAC aus im laufenden Betrieb von einem Clusterknoten auf einen anderen, im Clusterverbund vorhandenen Clusterknoten verschieben.

HINWEIS! Das Verschieben von virtuellen Maschinen mithilfe des Windows Admin Center (WAC) setzt voraus, dass zuvor bereits das vorhandene Failovercluster zum WAC hinzugefügt, sowie auch die Rolle Hyper-V bereits auf den Clusterknoten bereitgestellt wurde. Die hierzu notwendigen Konfigurationsschritte werden im Abschnitt 4.11 dieses Fachbuches detailliert erklärt.

Gehen Sie wie folgt vor, um einen virtuellen Computer innerhalb eines Failoverclusterverbundes mithilfe der Live-Migration von einem der Clusterknoten auf einen anderen, vorhandenen Clusterknoten zu verschieben:

1. Wechseln Sie im *Windows Admin Center (WAC)* im oberen, linken Fensterabschnitt über einen Klick rechts neben **Windows Admin Center** zum Abschnitt ***Installierte Lösungen***, und dann auf ***Failovercluster-Manager***.

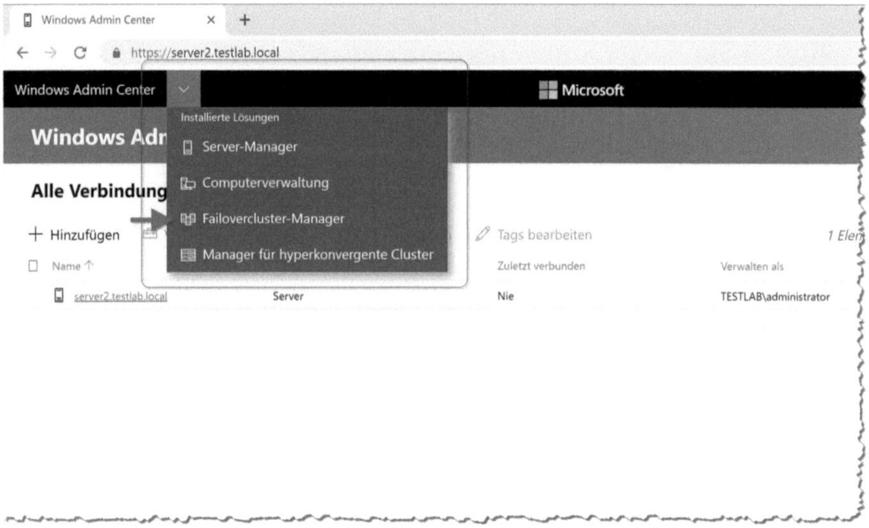

Abb. 4.31: *Wechsel zum Failovercluster-Manager*

2. Klicken Sie unter *Failoverclusterverbindungen* auf den *Namen des Failoverclusters*.

3. Klicken Sie unter *Tools* auf **Virtuelle Computer**, und dann im Detailfenster auf **Inventar**.

4. Markieren Sie das *Kontrollkästchen* vor dem *Namen* des zu verschiebenden, virtuellen Computers, und klicken Sie dann auf **Mehr**, und dann auf **→Verschieben**.

5. Wählen Sie den *Zielknoten* aus, auf den der virtuelle Computer verschoben werden soll, und klicken Sie dann auf **Verschieben**.

4.10 Verwalten von Failoverclustern

Ein Failovercluster stellt einen Verbund von zueinander fehlertoleranten Serversystemen dar, um Ressourcen, wie zum Beispiel Anwendungen, Dienste, SQL-Datenbanken oder auch virtuelle Maschinen ausfallsicher in Computernetzwerken bereitstellen zu können. Um dies zu realisieren, steht unter den Windows-Serverbetriebssystemen die sogenannte *Failoverclusterunterstützung* als optionales Feature zur Installation bereit.

Erst einrichten - dann im WAC verwalten

Nach dem Einrichten eines Failoverclusters, beispielsweise mithilfe der grafischen Konsole *Cluster-Manager* kann man dieses zum Windows Admin Center (WAC) hinzufügen, es darin anzeigen, und die im Cluster vorhandenen Ressourcen, wie zum Beispiel Speicher, Netzwerke, Knoten, Rollen, virtuelle Computer und auch virtuelle Switches zentral verwalten.

4.10.1 Hinzufügen eines Failover-Cluster zum Windows Admin Center (WAC)

Ein bereits vorhandenes Failovercluster kann zur zentralen Verwaltung mit einfachen Schritten zum Windows Admin Center (WAC) hinzugefügt werden. Im Windows Admin Center (WAC) steht dazu der Knoten *Failovercluster-Manager* zur Verfügung, in dem auch die für die Verwaltung der Clusterressourcen notwendigen Tools enthalten sind.

Gehen Sie wie folgt vor, um ein vorhandenes Failovercluster zum Windows Admin Center (WAC) hinzuzufügen:

1. Wechseln Sie im *Windows Admin Center (WAC)* im oberen, linken Fensterabschnitt über einen Klick rechts neben **Windows Admin Center** zum Abschnitt ***Installierte Lösungen***, und dann auf ***Failovercluster-Manager***.

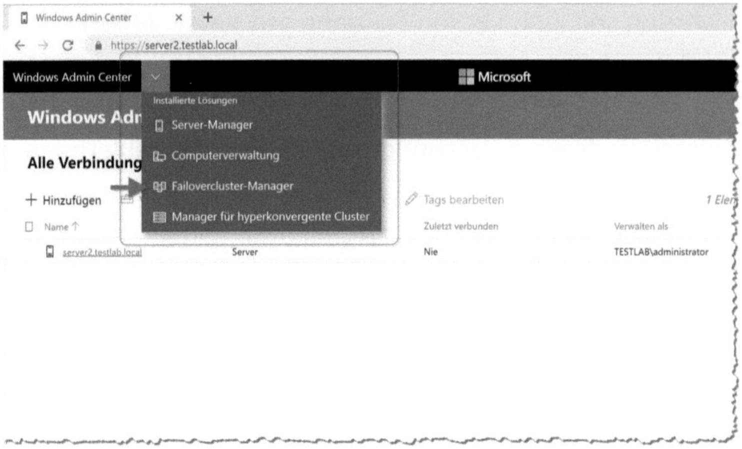

Abb. 4.32: *Wechsel zum Failovercluster-Manager*

2. Klicken Sie auf **+Hinzufügen**, geben Sie im Abschnitt **Cluster hinzufügen** den *Clusternamen* in das Eingabefeld ein, und klicken Sie dann auf **Übermitteln**.

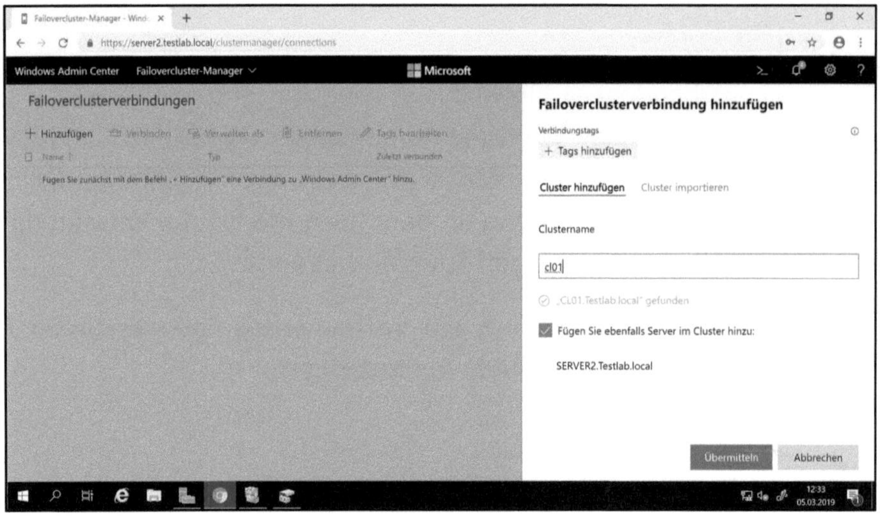

Abb. 4.33: *Hinzufügen eines Failovercluster zum WAC*

4.10.2 Tools im Failovercluster-Manager des WAC

Zur Verwaltung von Failoverclustern stehen im Abschnitt *Failovercluster-Manager* des Windows Admin Center (WAC) verschiedene Tools zur Verfügung. Diese werden angezeigt, wenn man auf den *Namen* eines zuvor in das Windows Admin Center (WAC) hinzugefügten Failovercluster klickt.

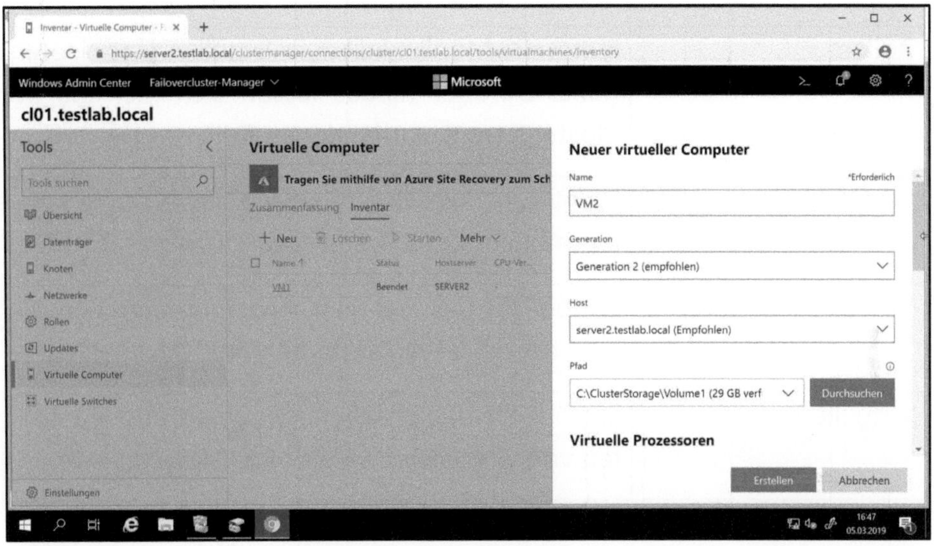

Abb. 4.34: *Erstellen eines neuen, virtuellen Computers im Failovercluster-Manager des Windows Admin Center (WAC)*

Die folgende Tabelle enthält eine Übersicht der im *Failovercluster-Manager* des Windows Admin Center (WAC) enthaltenen *Tools und Verwaltungsoptionen*:

Tool	Beschreibung
Übersicht	Bietet eine Übersicht des Failoverclusters, sowie der darin enthaltenen Clusterressourcen.
Datenträger	Dient zum Anzeigen von freigegebenen Datenträgern und Volumes.

Tool	Beschreibung
Knoten	Dient zum Hinzufügen neuer, sowie zum Verwalten vorhandener Clusterknoten.
Netzwerke	Dient zum Anzeigen der im Cluster verwendeten Netzwerke.
Rollen	Bietet die Möglichkeit zum Erstellen einer leeren Rolle. Darüber hinaus lassen sich hier die im Cluster bereits vorhandenen Rollen verwalten.
Updates	Dient zum Aktualisieren der Failoverclusterknoten mithilfe des *„Cluster Aware Update"* (CAU).
Virtuelle Computer	Ermöglicht das Erstellen, Anzeigen und Verwalten von virtuellen Computern im Failovercluster.
Virtuelle Switches	Ermöglicht das Erstellen, Anzeigen und Verwalten von virtuellen Switches im Failovercluster.

Tab. 4.4: *Tools und Verwaltungsoptionen im Failovercluster-Manager des WAC*

Zum Ausführen bestimmter Aktionen klicken Sie im *Failovercluster-Manager* des Windows Admin Center (WAC) einfach auf das jeweilige *Tool.* Darin werden die möglichen, weiteren Aktionen sichtbar dargestellt.

4.11 Verwalten von Azure-VMs mit dem WAC

Internet-Zugriff vorausgesetzt

Das Windows Admin Center (WAC) kann neben der Verwaltung der im lokalen Computernetzwerk eingesetzten Computer- und Serversysteme auch verwendet werden, um damit die in der Microsoft Azure-Cloud bereitgestellten, virtuellen Computersysteme gleichsam zu verwalten. Dies kann entweder von einem am lokalen Standort installierten Windows Admin Center Gateway (WAC), oder alternativ sogar von einem ebenso in der Azure-Cloud installierten, virtuellen Computer mit der Funktion als Windows Admin Center Gateway erfolgen.

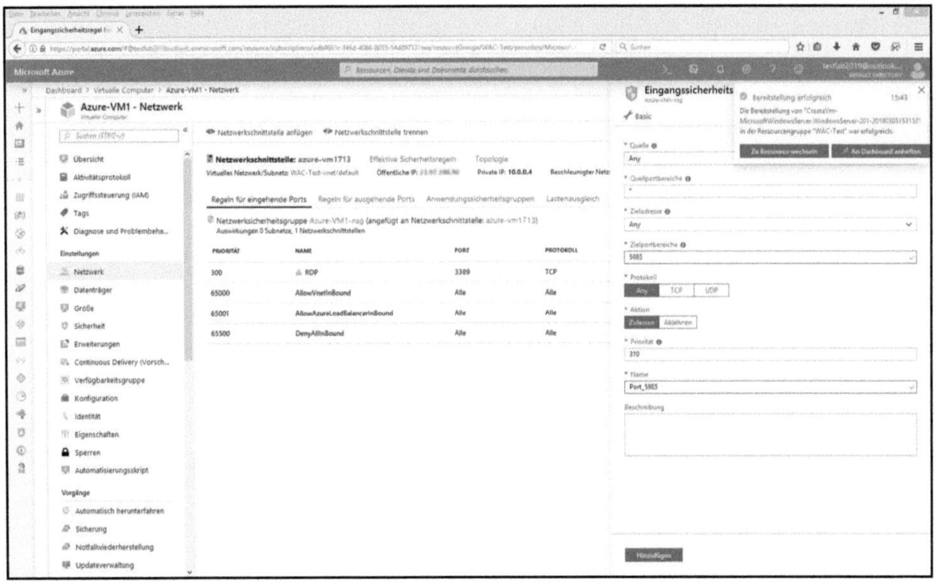

Abb. 4.35: *Virtueller Computer im Microsoft Azure-Portal*

Die Verwaltung mit dem Windows Admin Center (WAC) kann sich dabei auf Azure-VMs in der Microsoft-Cloud im Internet mit oder auch ohne jeweils zugeordnete, öffentliche IP-Adressen erstrecken.

4.11.1 Verwalten von Azure-VMs mit öffentlicher IP-Adresse

Bei der Verwaltung von Azure-VMs, die über eine öffentliche IP-Adresse verfügen, muss diese Ziel-VM für den Zugriff mithilfe von *WinRM* (*Windows Remote-Management*) konfiguriert sein. Auch muss die Möglichkeit zur Konnektivität vom Windows Admin Center (WAC) aus auf den *Remoteverwaltungsport 5985* der zu verwaltenden, virtuellen Azure-VM durch eine entsprechende, eingehende *Portregel* im Azure-Netzwerk im Internet sichergestellt werden.

4.11.1.1 Aktivierung von WinRM in der Azure-VM

Erst nach der Aktivierung von WinRM kann man sich mittels Windows Admin Center (WAC) auf eine in der Azure-Cloud bereitgetellte, virtuelle Maschine aufschalten. Im Bedarfsfall (soweit noch nicht geschehen) kann man den Remotezugriff auf die Azure-VM mittels *WinRM* mithilfe des folgenden Kommandozeilenbefehls aktivieren:

```
winrm quickconfig
```

4.11.1.2 Aktivieren einer Firewallregel für die eingehende Kommunikation

In der mit dem Windows Admin Center (WAC) zu verwaltenden Azure-VM müssen eingehende Verbindungen mit dem *Port 5985 für WinRM über HTTP* zugelassen sein, damit man sich mit dem WAC darauf verbinden kann.

Zum Aktivieren der eingehenden Firewallregel kann man in der *Windows PowerShell* der zu konfigurierenden, virtuellen Azure-VM den folgenden Befehl verwenden:

```
Set-NetFirewallRule -Name WINRM-HTTP-IN-TCP-PUBLIC
-RemoteAddress Any
```

4.11.1.3 Erstellen einer Portregel im Azure-Netzwerk

Im Azure-Netzwerk, in dem die zu verwaltende, virtuelle Azure-VM ausgeführt wird, muss zusätzlich noch eine *Portregel* hinzugefügt werden, welche die Kommunikation über den *Port 5985* vom Windows Admin Center (WAC) aus mit dieser zulässt. Dies kann mithilfe der folgenden Schritte erfolgen:

1. Verbinden Sie sich mit einem Webbrowser mithilfe der folgenden Webadresse mit dem ***Azure-Managementportal***, und melden Sie sich mit den gültigen Anmeldeinformationen an:

   ```
   https://portal.azure.com
   ```

2. Klicken Sie unter *Virtuelle Computer* auf den *Namen* der für die Verwaltung mittels Windows Admin Center (WAC) vorgesehenen, virtuellen *Azure-VM.*

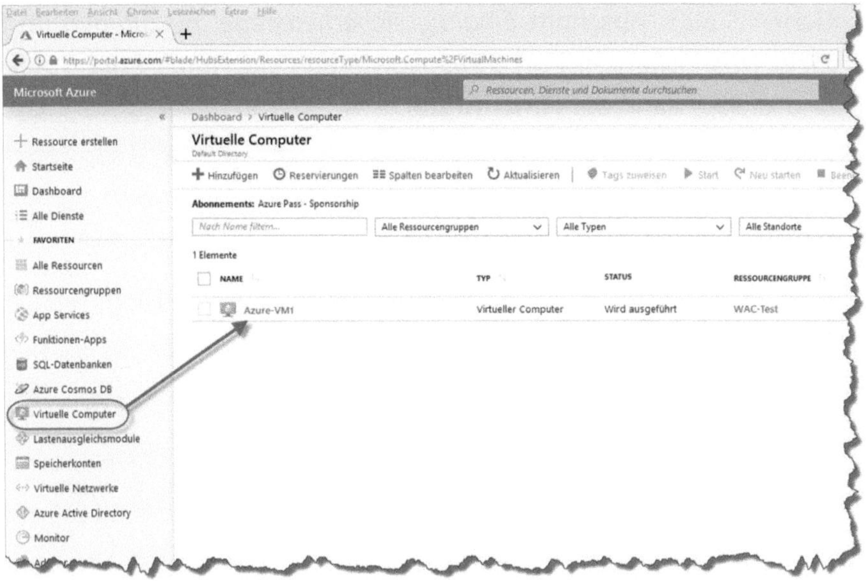

Abb. 4.36: *Virtueller Computer im Microsoft Azure-Portal*

3. Klicken Sie unter *Einstellungen* auf **Netzwerk**, und dann auf **Regeln für eingehende Ports**.

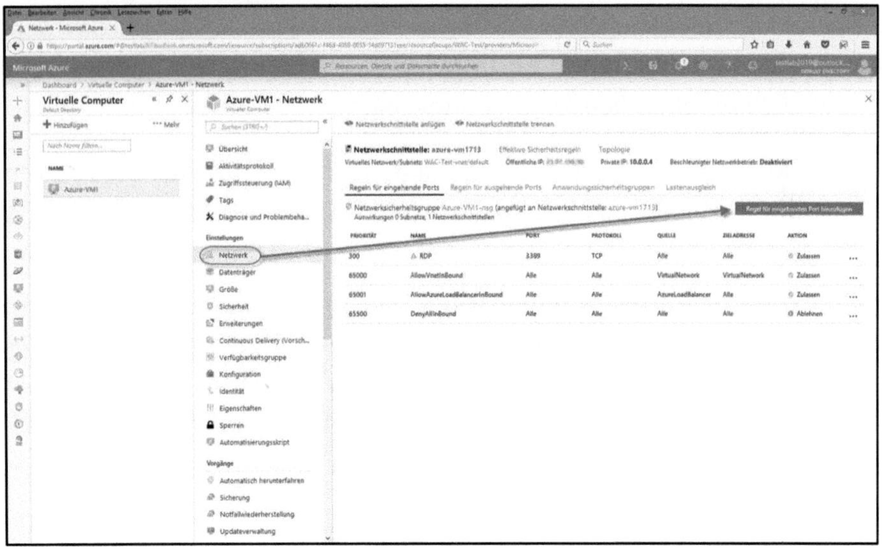

Abb. 4.37: *Erstellen einer neuen Eingangssicherheitsregel*

4. Geben Sie im Abschnitt *Eingangssicherheitsregel hinzufügen* im Feld *Zielportbereiche* den Port **5985**, sowie im Feld *Name* **Port_5985** ein, und klicken dann auf **Hinzufügen**.

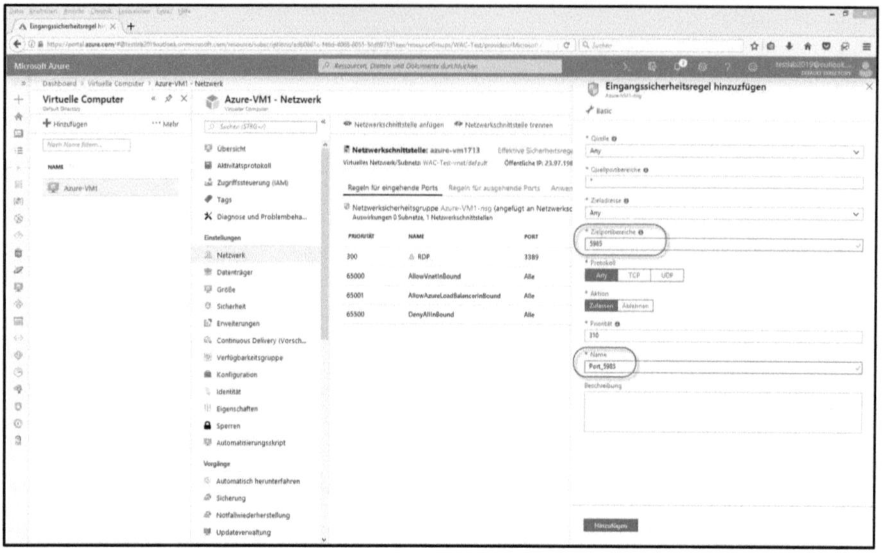

Abb. 4.38: *Festlegen von Port und Name der neuen Eingangssicherheitsregel*

Die neue, eingehende Portregel wird auf der Azure-Portalseite unter *Regeln für eingehende Ports* angezeigt.

Nach der Konfiguration der virtuellen Azure-VM für die Remoteverwaltung mittels WinRM kann man diese in das Windows Admin Center (WAC) über *Alle Verbindungen*, sowie einem Klick auf **+Hinzufügen** über die Option **Serververbindung hinzufügen >** als weiteren, zu verwaltenden Server hinzufügen. Verwenden Sie dabei einfach die im Azure-Portal angezeigte, öffentliche IP-Adresse der virtuellen Azure-VM. Zum Verwalten der virtuelle Azure-VM mit dem Windows Admin Center (WAC) nutzen Sie einfach die im Azure-Portal zuvor festgelegten Anmeldeinformationen.

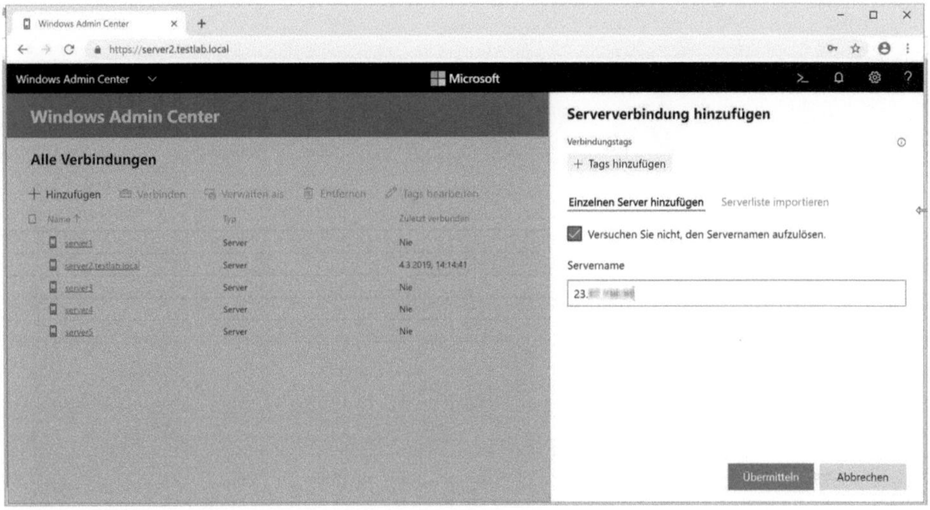

Abb.4.39: *Hinzufügen einer virtuellen Azure-VM in das Windows Admin Center (WAC)*

Nach dem Hinfügen der virtuellen Azure-VM zum Windows Admin Center (WAC) kann diese gleichsam wie auch ein lokal bereitgestellter Server verwaltet werden.

4.11.2 Verwalten von Azure-VMs ohne öffentliche IP-Adressen

Unterstützt unterschiedlichste Praxisszenarien

Wenn die in der Microsoft Azure-Cloud bereitgestellten, virtuellen Azure-VMs nicht über öffentlich erreichbare IP-Adressen verfügen, so ist die Verwaltung dieser Computersysteme mit einem im lokalen Computernetzwerk bereitgestellten Windows Admin Center (WAC) dennoch möglich. Es setzt jedoch voraus, dass man eine Verbindung vom lokal eingesetzten WAC zu den zu verwaltenden, virtuellen Computersystemen in Azure herstellen kann. Dies kann beispielsweise mit einer Verbindung zum virtuellen Netzwerk (*VNet*) in Azure erfolgen, über das man dann die Verbindung zu den darin befindlichen, virtuellen Computern herstellt. Eine alternative Möglichkeit bietet sich mittels einer *„Site-to-Site"-VPN*-Verbindung, einer *„Point-to-Site"-VPN*-Verbindung, oder mittels *ExpressRoute*. Details hierzu entnehmen Sie bitte der Dokumentation von Microsoft im Internet.

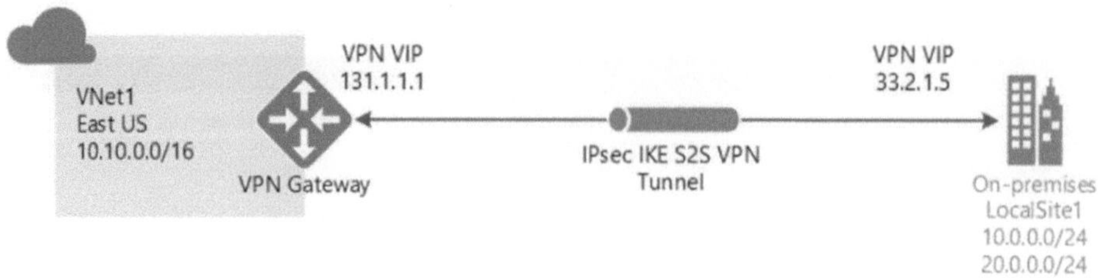

Abb. 4.40: *Site-to-Site-VPN-Verbindung über das Internet (Quelle: Microsoft Corporation)*

INTERNET! Details rund um die Bereitstellung von Remoteverbindungen mithilfe von Site-to-Site-VPN-, Point-to-Site-VPN-Verbindungen sowie auch zu ExpressRoute erfahren Sie in der Website von Microsoft im Internet unter:

https://docs.microsoft.com/de-de/azure/vpn-gateway/vpn-gateway-about-vpngateways

Nach den in diesem Kapitel dargestellten Schritten und Möglichkeiten rund um die Verwaltung von Windows 10-Clientcomputern, Windows-Serversystemen, Failoverclustern, Hyper-V-Hostcomputern und auch virtuellen Maschinen im lokalen Computernetzwerk, sowie auch der Azure-Cloud von Microsoft geht es im nächsten Kapitel um die Wartung, Protokollierung und auch die Möglichkeit zur Problembehandlung rund um das Windows Admin Center (WAC) und der damit verwalteten Ressourcen.

KAPITEL 5

Wartung, Protokollierung und Problembehandlung

Das Windows Admin Center (WAC) bietet unter anderem die Möglichkeit zur zentralen Verwaltung von Windows-basierten Clientcomputern und Serversystemen innerhalb eines Computernetzwerkes. Um den ständigen Überblick über die vorhandenen Systeme und Ressourcen behalten zu können, muss das WAC somit ebenso ständig verfügbar und nutzbar sein. Dazu kann man das WAC, wie dies in den früheren Kapiteln dieses Fachbuches bereits beschrieben wurde, entsprechend fehlertolerant innerhalb eines Failoverclusterverbundes als Ressource bereitstellen. Für den möglichen Ausfall von Computersystemen unterstützt das Windows Admin Center (WAC) zudem beispielsweise die Sicherung direkt in die Azure-Cloud von Microsoft mittels Azure-Backup. Dies ermöglicht im Bedarfsfall die umgehende Wiederherstellung von ausgefallenen Computersystemen. Die notwendigen Konfigurationsschritte zum Einbinden von Azure-Backup in das WAC werden in den nachfolgenden Seiten beschrieben.

Update-Verwaltung aus der Azure-Cloud - und mehr

Ebenso notwendig ist sicher auch das Update-Management, welches mithilfe des Windows Admin Center (WAC) gleich auch von zentraler Stelle aus mittels Azure-Updateverwaltung erfolgen kann. Auch die hierzu notwendigen Schritte werden in den nächsten Seiten dieses Kapitels aufgezeigt.

Darüber hinaus ergeben sich in Verbindung mit dem Windows Admin Center (WAC) noch weiter, für die Praxis sicher relevante Wartungsschritte, die - neben den Schritten zur möglichen Problembehandlung rund um das WAC - ebenso in diesem Kapitel beschrieben werden. Auch im Rahmen der standardmäßigen Protokollierung lassen sich oft mögliche Probleme im Zusammenhang mit dem Windows Admin Center (WAC), oder aber auch in Verbindung mit den damit zu verwaltenden Computersystemen ermitteln. Details hierzu sind im diesen Kapitel ebenso enthalten.

5.1 Aktualisierung von Serversystemen mit der Azure-Updateverwaltung

Update-Verwaltung als Teil der Wartung

Eine sicher zentrale und auch wichtige Aufgabe in moderen Computernetzwerken stellt die Update-Verwaltung dar. Es vergeht kaum ein Tag, an dem nicht irgendein Hersteller wiederum ein neues Patch oder einen neuen Bugfix zu den in den modernen Computernetzwerken eingesetzten Anwendungen oder auch Betriebssystemen veröffentlicht. Dies dient nicht nur dazu, die Betriebsfähigkeit zu verbessern, sondern oft auch dazu, teils gravierende Sicherheitslücken in den Systemen noch vor dem möglichen Angriff durch Hacker zu beseitigen. Umso wichtiger ist es, die in den heutigen Computernetzwerken eingesetzten Client- und auch Serversystemen nach Möglichkeit stets auf dem neuesten Stand zu halten - auch den Windows Admin Center Gateway-Computer selbst muss man in die Aktualisierung mit einbeziehen.

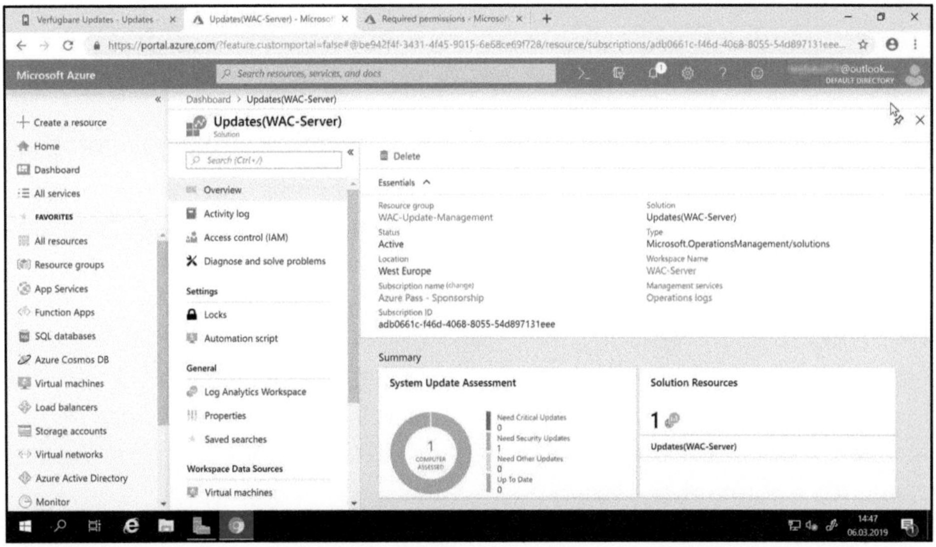

Abb. 5.1: *Update-Verwaltung im Microsoft Azure-Portal im Internet*

Alternativ zu WSUS, SCCM & Co.

Die Update-Verwaltung kann - wie dies in den modernen Computernetzwerken oft der Fall ist - beispielsweise mit den von Microsoft in den Serverbetriebssystemen als Serverolle optional enthaltenen *Windows Server Update Services* (*WSUS*), mit *System Center Configuration Manager* (*SCCM*) oder mit *Azure-Updateverwaltung* aus der Microsoft Azure-Cloud geschehen. Die Verwaltung von Updates für Serversysteme mittels Azure-Updateverwaltung kann dabei verwendet werden, um beispielsweise die direkt in der Microsoft Azure-Cloud oder auch die in lokalen Computernetzwerken bereitgestellten Windows- oder auch Linux-Systeme mit Updates zu versorgen.

Durch die Integration der Azure-Updateverwaltung in das Windows Admin Center (WAC) vereint sich die Verwaltung von Updates mit den sonst ebenso notwendigen Verwaltungsschritten in einer einzigen Verwaltungskonsole - dem Microsoft Azure-Portal im Internet.

5.1.1 Konfiguration der Azure-Updateverwaltung mit dem Windows Admin Center (WAC)

Die Azure-Updateverwaltung lässt sich mit verhältnismäßig einfachen Schritten in das Windows Admin Center (WAC) einbinden. Zunächst setzt dies jedoch ein gültiges - und in der Regel kostenpflichtiges - Azure-Abonnement voraus.

HINWEIS! Die Verwendung der Azure-Updateverwaltung setzt ein gültiges - in der Regel kostenpflichtiges - Abonnement voraus. Hierzu mus man sich noch vor der Konfiguration des Windows Admin Center (WAC) für die Verwendung der Azure-Updateverwaltung in der Microsoft-Azure-Cloud als Abonnent registrieren.

In einem ersten Schritt muss man den Windows Admin Center Gateway-Server - soweit noch nicht geschehen - in der Microsoft Azure-Cloud an das bestehende Abonnement anbinden. Anschließend kann man die mit dem Windows Admin Center (WAC) zu verwaltenden Serversysteme für die Verwaltung von Updates mittels Azure-Updateverwaltung konfigurieren.

5.1.1.1 Registrierung des Windows Admin Center (WAC) in Azure

Das für die Verwaltung verwendete Windows Admin Center Gateway muss in Microsoft Azure registriert, und mit dem bestehenden Azure-Abonnement verbunden werden. Dies kann in einfachen Schritten erfolgen.

Gehen Sie wie folgt vor, um das Windows Admin Center Gateway in Azure im Internet zu registrieren:

1. Melden Sie sich - soweit noch nicht geschehen - am *Windows Admin Center Gateway* mithilfe des Webbrowsers im *Windows Admin Center* (WAC) mit administrativen Rechten an.

2. Klicken Sie zum Aufruf der *Einstellungen* des Windows Admin Center (WAC) in der oberen, rechten Ecke auf das **Einstellungssymbol** (*Zahnrad*-Symbol).

3. Klicken Sie in der linken Fensterhälfte auf **Azure**, und dann im Detailfenster unter *Bei Azure registrieren* auf **Registrieren**.

Abb. 5.2: *Dialogfenster zum Registrieren des Windows Admin Center Gateway im Microsoft Azure-Portal im Internet*

4. Klicken Sie zum *Registrieren* des Windows Admin Center Gateway zunächst auf **Code kopieren**, und dann auf **Geräteanmeldung**.

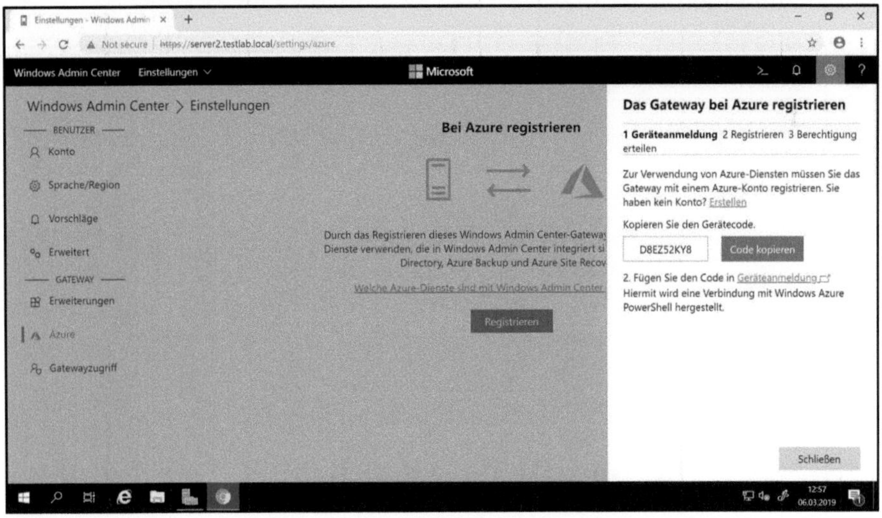

Abb. 5.3: *Geräteanmeldung des WAC-Gatewaycomputers*

5. Der Webbrowser verbindet sich über eine neue Registerkarte direkt mit der *Azure-Website* im Internet. Fügen Sie dort mithilfe der Tastenkombination **`Strg + V`** den zuvor kopierten *Gerätecode* in das entsprechende Datenfeld ein, und klicken Sie anschließend auf **Weiter**.

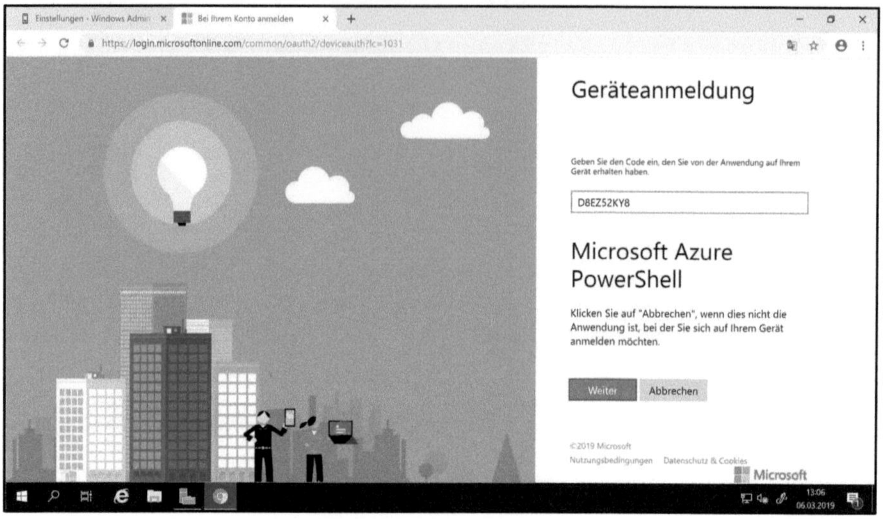

Abb. 5.4: *Registrierungsvorgang im Azure-Portal*

6. Geben Sie die gültigen *Anmeldeinformationen* ein, um sich an Azure anzumelden.

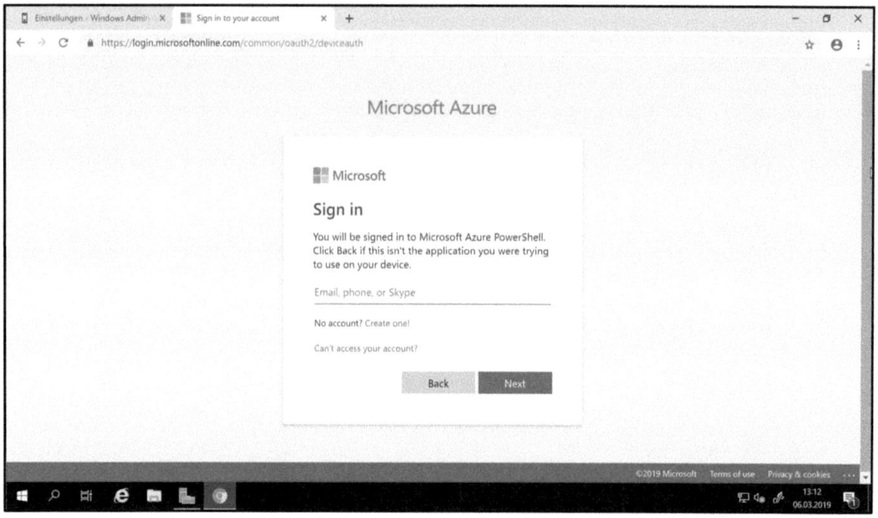

Abb. 5.5: *Anmeldung im Azure-Portal von Microsoft*

7. Wechseln Sie zurück zum Register des *Windows Admin Center* (WAC), und klicken Sie zum *Registrieren* des Windows Admin Center Gateway-Computers auf **Registrieren**.

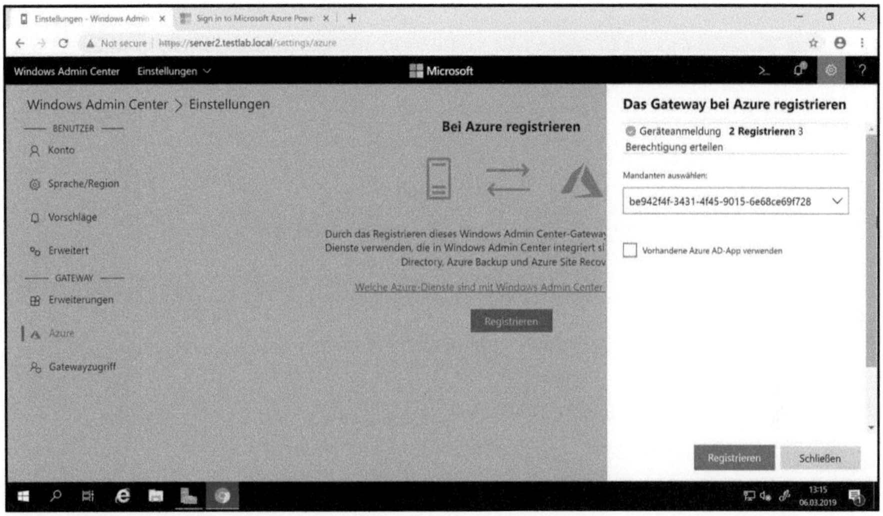

Abb. 5.6: *Auswahl des im Azure-Portal registrierten Mandanten*

8. Nach der erfolgreichen Registrierung des Windows Admin Center Gateway-Computers in Azure klicken Sie auf die Verknüpfung **Zur Azure AD-App-Registrierung wechseln**, um diesem entsprechende Berechtigungen zu erteilen.

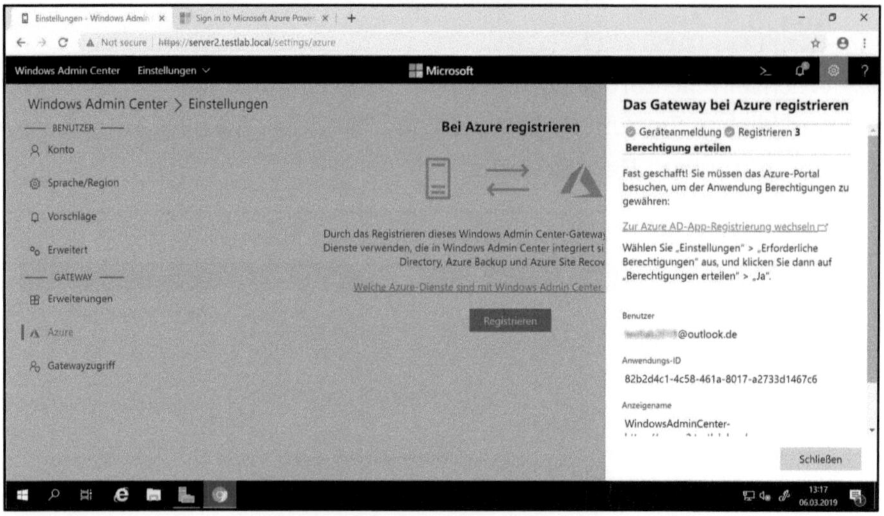

Abb. 5.7: *Erfolgreiche Registrierung des WAC-Gatewaycomputers*

9. Klicken Sie im *Azure-Portal* im Abschnitt des *Windows Admin Center Gateway-Computers* auf **Settings** (Einstellungen).

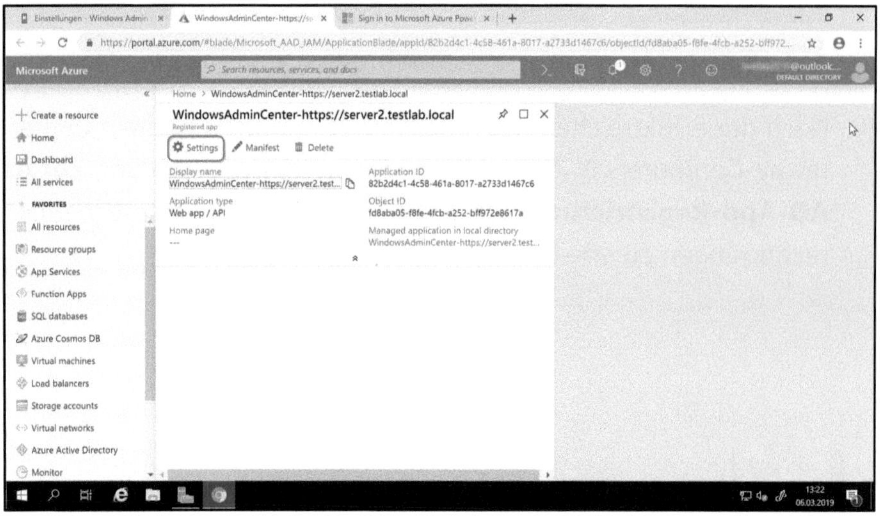

Abb. 5.8: *Aufruf der Einstellungen des registrierten WAC-Gateway*

10. Klicken Sie im Abschnitt *Settings* (Einstellungen) auf **Required permissions**.

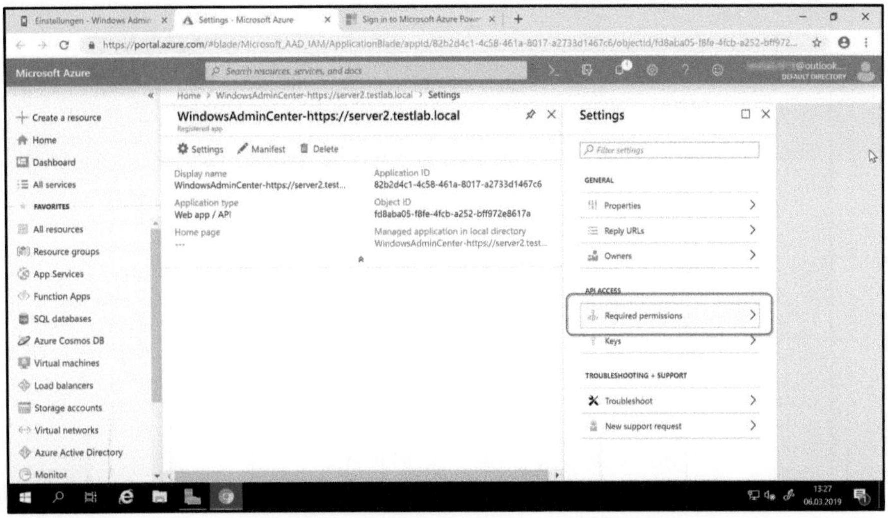

Abb. 5.9: *Anpassung der Einstellungen für das WAC-Gateway*

11. Klicken Sie unter *Required permissions* auf **Grand permissions**, um dem Windows Admin Center Gateway-Server die notwendigen *Rechte* in der Azure-Cloud zuzuweisen.

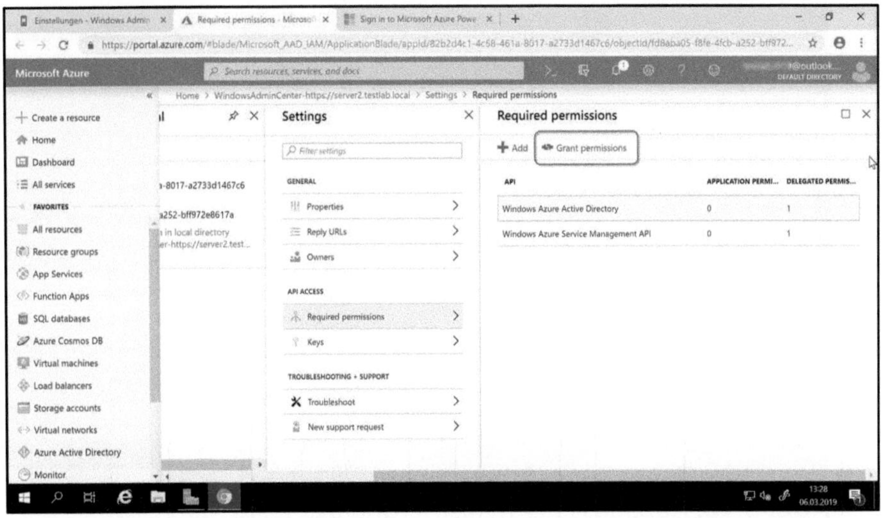

Abb. 5.10: *Zuordnung von Berechtigungen im Azure-Portal für WAC*

12. Bestätigen Sie den Vorgang mit einem Klick auf die Schaltfläche **Yes**.

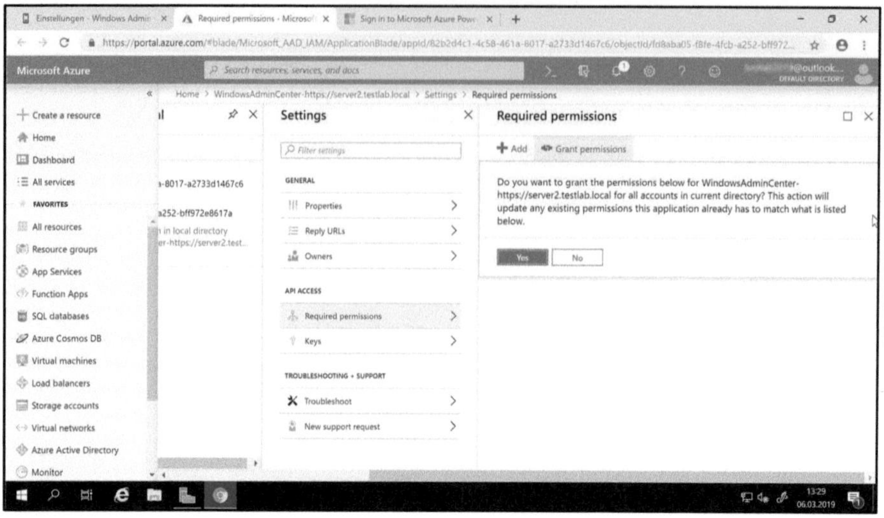

Abb. 5.11: *Bestätigung der Rechtezuweisung für das WAC-Gateway*

13. Wechseln Sie im Webbrowser zurück zum Register des *Windows Admin Center* (WAC), und klicken Sie auf die Schaltfläche **Schließen**.

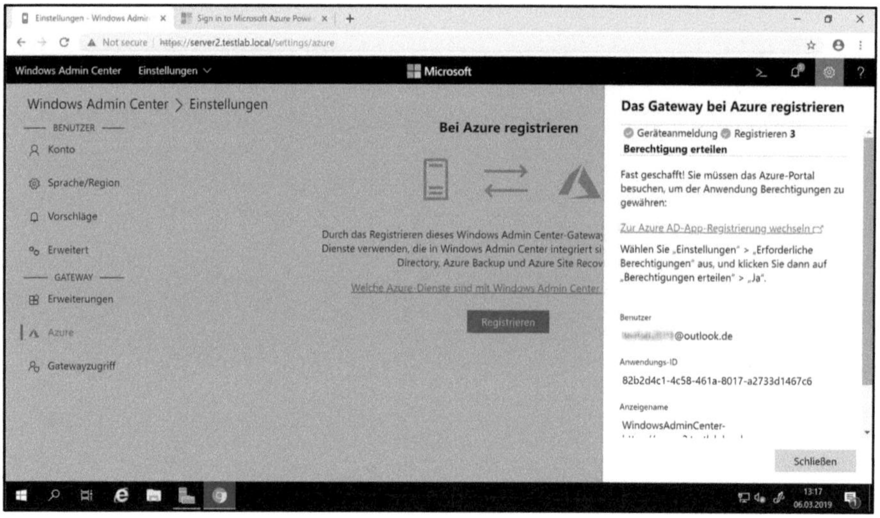

Abb. 5.12: *Abschluss der Registrierung des WAC-Gateway*

14. Die erfolgreiche Registrierung des Windows Admin Center Gateway wird in den *Einstellungen* des Windows Admin Center (WAC) im Abschnitt *Azure* angezeigt.

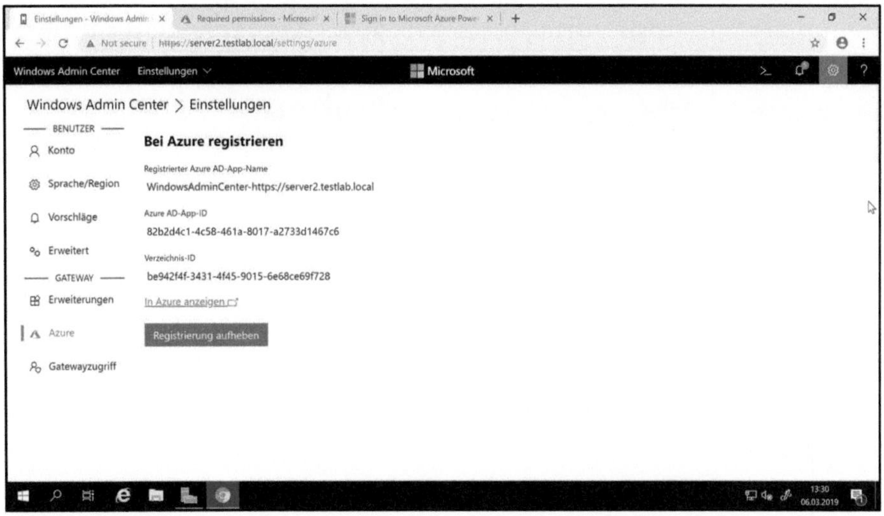

Abb. 5.13: *Erfolgreicher Abschluss der Registrierung des Windows Admin Center Gateway im Microsoft Azure-Portal im Internet*

Das Windows Admin Center (WAC) ist seitens des *Windows Admin Center Gateway* nun in Azure registriert, so dass man sich in einem nächsten Schritt an die Einrichtung der erweiterten Funktionen, wie zum Beispiel Azure-Backup, die Authentifizierung von Anmeldevorgängen mithilfe von Azure Active Directory (Azure AD) oder auch die Azure-Updateverwaltung begeben kann.

5.1.1.2 Einrichten der Azure-Updateverwaltung im Windows Admin Center (WAC)

Nach der erfolgreichen Registrierung des Windows Admin Center Gateway in der Azure-Cloud kann man die Azure-Updateverwaltung für die einzelnen, mit dem Windows Admin Center (WAC) zu verwaltenden Windows-Serversysteme einrichten.

HINWEIS! Die Konfiguration im Windows Admin Center (WAC) für die Verwaltung von Updates mit der Azure-Updateverwaltung wird für Serversysteme von Windows Server 2012 bis einschließlich Windows Server 2019 unterstützt.

Gehen Sie wie folgt vor, um ein Windows-Serversystem mithilfe des Windows Admin Center (WAC) für die Verwaltung von Updates mittels Azure-Updateverwaltung zu konfigurieren:

1. Melden Sie sich - soweit noch nicht geschehen - mithilfe des Webbrowsers im *Windows Admin Center* (WAC) mit administrativen Rechten an.

2. Klicken Sie im *Windows Admin Center* (WAC) unter *Alle Verbindungen* auf den Namen des für die Azure-Updateverwaltung zu konfigurierenden *Serversystems*, und wechseln Sie in der linken *Tools*-Übersicht zu **Updates**.

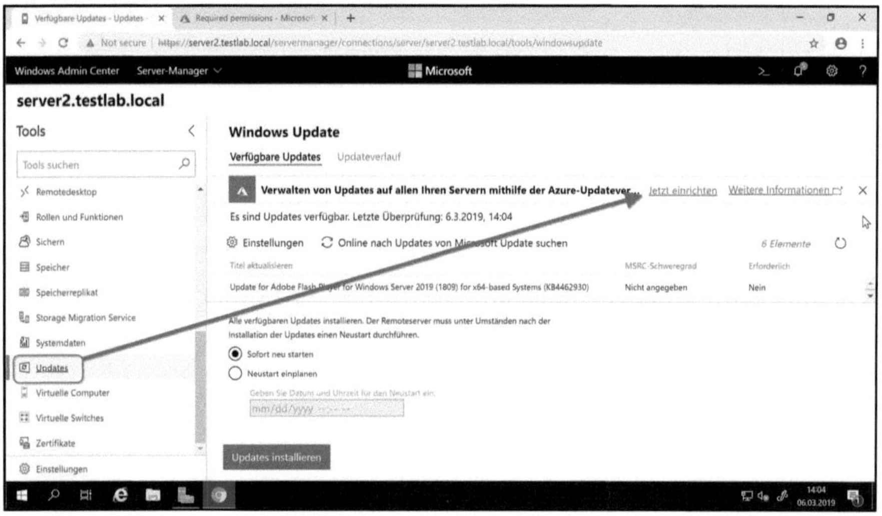

Abb. 5.14: *Option zum Einrichten der Azure-Updateverwaltung in den Eigenschaften eines verwalteten Servers im Windows Admin Center (WAC)*

3. Geben Sie im Abschnitt *Azure-Updateverwaltung einrichten* die notwendigen Daten zum Festlegen der *Ressourcengruppe*, des *Log-Analytics-Arbeitsbereichs*, sowie des zu verwendenden *Azure Automation-Konto*s an, wählen Sie die jeweils gewünschte *Region* aus, und klicken Sie dann auf **Einrichten**.

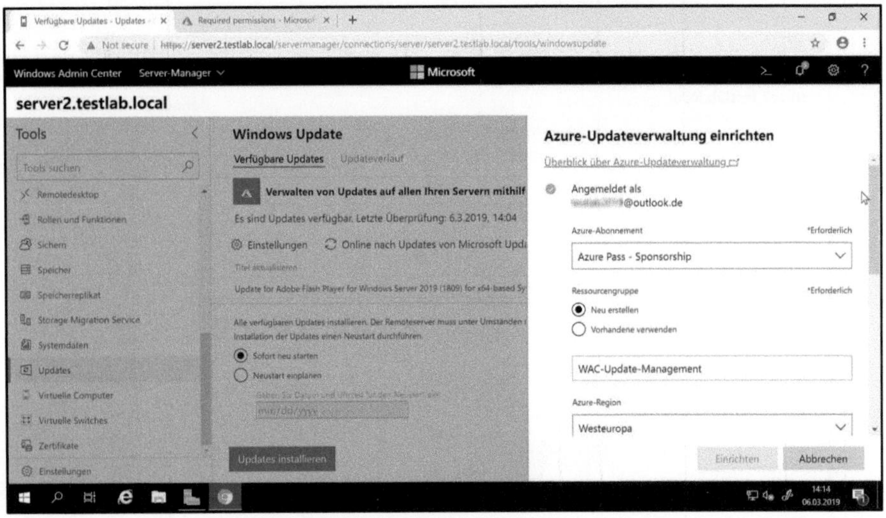

Abb. 5.15: *Konfigurationsdetails für die Azure-Updateverwaltung*

4. Auf dem betreffenden Serversystem wird nun der für die Azure-Updateverwaltung verwendete *Microsoft Monitoring-Agent* eingerichtet. Dieser Vorgang kann ein paar Minuten in Anspruch nehmen. Den Verlauf kann man über einen Klick auf das **Benachrichtigungssymbol** in der oberen, rechten Ecke des Windows Admin Center (WAC) anzeigen lassen.

HINWEIS! Wenn man das Einrichten der Azure-Updateverwaltung zum ersten Mal startet, werden die dabei angegebenen Ressourcen, wie die Ressourcengruppe, der Log-Analytics-Arbeitsbereich, sowie auch das Azure Automation-Konto in Microsoft Azure online erstellt, und zur Azure-Updateverwaltung in der Microsoft-Azure-Cloud hinzugefügt.

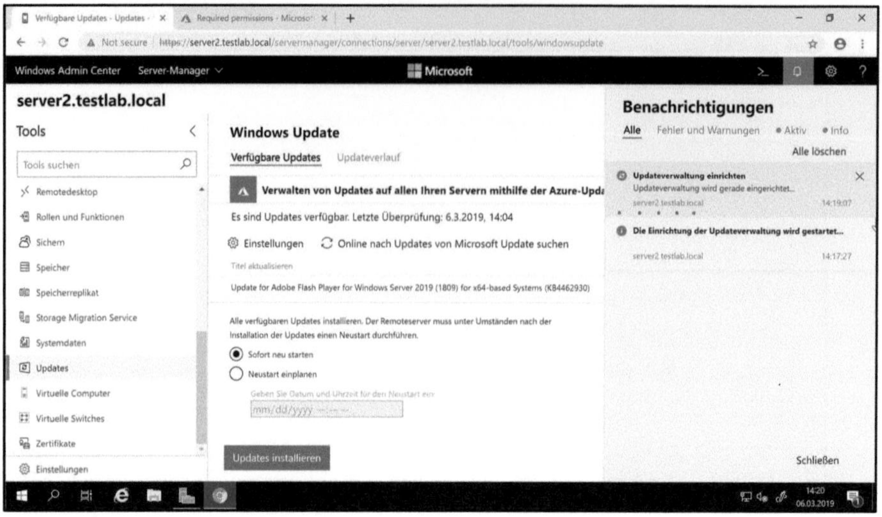

Abb. 5.16: *Einrichtevorgang der Azure-Updateverwaltung*

5. Nach der erfolgreichen Konfiguration des betreffenden Serversystems für die Verwendung der Azure-Updateverwaltung wird die Verknüpfung **In Azure verwalten** im Detailfenster des Abschnitts *Updates* des Servers angezeigt.

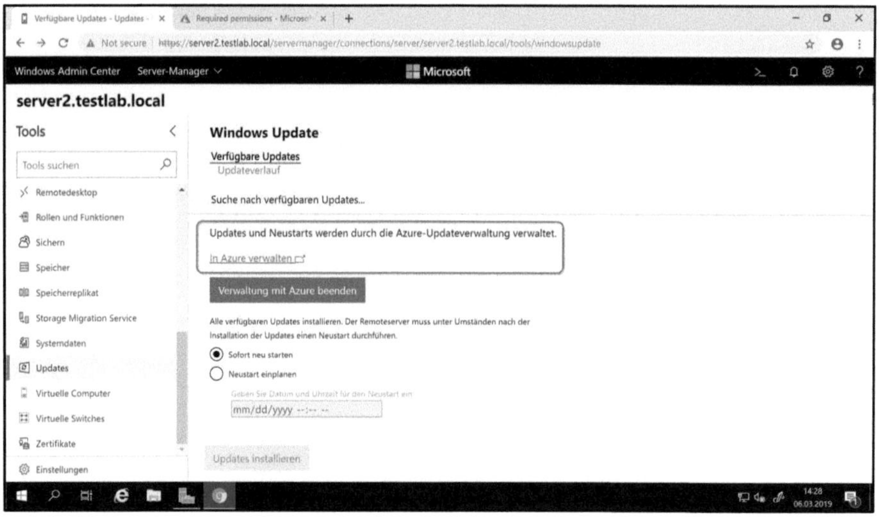

Abb. 5.17: *Hinweis auf die Verwaltung von Updates mittels Azure-Updateverwaltung*

6. Mit einem Klick auf die Verknüpfung **In Azure verwalten** gelangt man mittels Webbrowser direkt zur *Azure-Updateverwaltung* in den zuvor definierten *Arbeitsbereich* in der Microsoft Azure-Cloud.

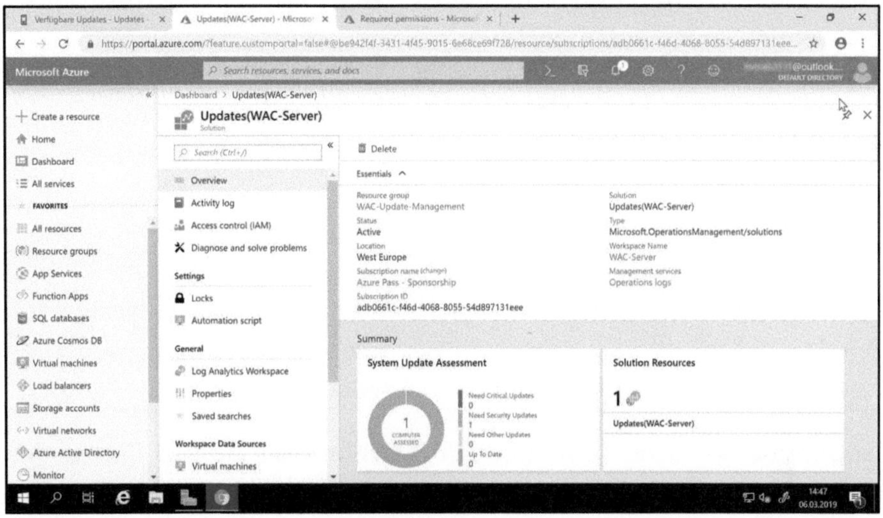

Abb. 5.18: *Update-Verwaltung im Microsoft Azure-Portal im Internet*

Darin kann man mit der Update-Verwaltung mittels Azure-Updateverwaltung für das betreffende Serversystem beginnen. Details hierzu entnehmen Sie bitte der Dokumentation von Microsoft Azure.

5.2 Verwendung von Azure-Backup mit dem WAC

Sicherung direkt in die Azure-Cloud

Neben der Vewaltung von Updates, die mithilfe des Windows Admin Center (WAC) für die damit zu verwaltenden Serversysteme nach der Registrierung und Konfiguration mithilfe der Azure-Updateverwaltung erfolgen kann, besteht ebenso die Möglichkeit, auch die Sicherung und Wiederherstellung der vorhandenen Server mithilfe der Azure-Cloud von Microsoft zu realisieren - mit Azure-Backup.

Die Konfiguration hierzu ist ähnlich auch der Registrierung der mit dem Windows Admin Center (WAC) zu verwaltenden Serversysteme für die Azure-Updateverwaltung - und setzt auch für Azure-Backup ein bestehendes - in der Regel kostenpflichtiges - Abonnement für die Microsoft Azure-Dienste im Internet voraus.

5.2.1 Konfigurationsschritte zum Einrichten von Azure-Backup im WAC

Wenn das Windows Admin Center Gateway bereits in Microsoft Azure registriert ist, so fallen lediglich noch einige, wenige Konfigurationsschritte an, die auf den einzelnen, mittels Azure-Backup in die Azure-Cloud zu sichernden Serversystemen in der Windows Admin Center (WAC)-Konsole an.

HINWEIS! Die notwendigen Schritte, um das Windows Admin Center Gateway in Microsoft Azure zu registrieren, sind im Abschnitt 5.1.1 dieses Fachbuches detailliert beschrieben. Dies ist grundsätzlich vorausgesetzt, um Azure-Backup für die mit dem Windows Admin Center (WAC) verwalteten Serversysteme einrichten und verwenden zu können.

Gehen Sie wie folgt vor, um ein im Windows Admin Center (WAC) verwaltetes Serversystem für die Verwendung von Azure-Backup zu konfigurieren:

1. Melden Sie sich - soweit noch nicht geschehen - mithilfe des Webbrowsers im *Windows Admin Center* (WAC) mit administrativen Rechten an.

2. Klicken Sie im *Windows Admin Center* (WAC) unter *Alle Verbindungen* auf den *Namen* des für Azure-Backup zu konfigurierenden *Serversystems*, klicken Sie in der linken *Tools*-Übersicht auf **Sichern**, und dann im Detailfenster auf **Azure Backup einrichten**.

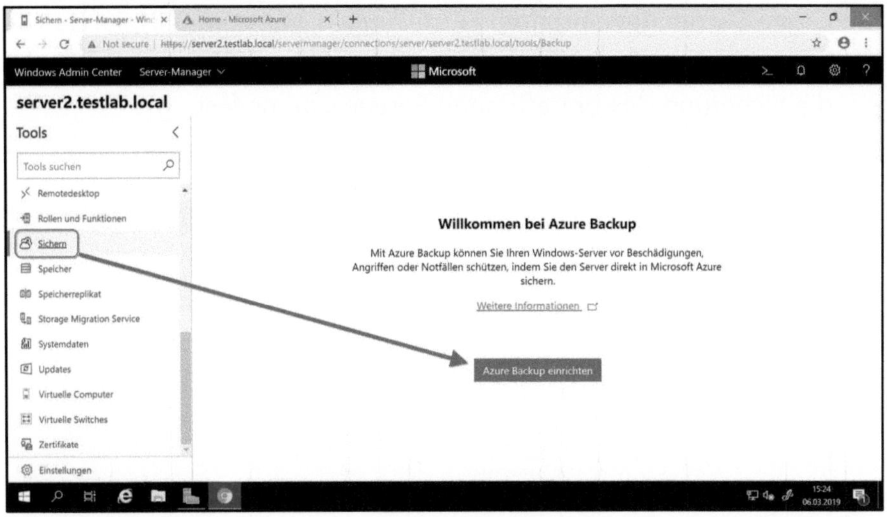

Abb. 5.19: *Option zum Einrichten von Azure-Backup im Windows Admin Center (WAC)*

3. Melden Sie sich im nächsten Schritt nach einem Klick auf **Anmelden** mit den gültigen *Anmeldeinformationen* im *Microsoft Azure-Port* an.

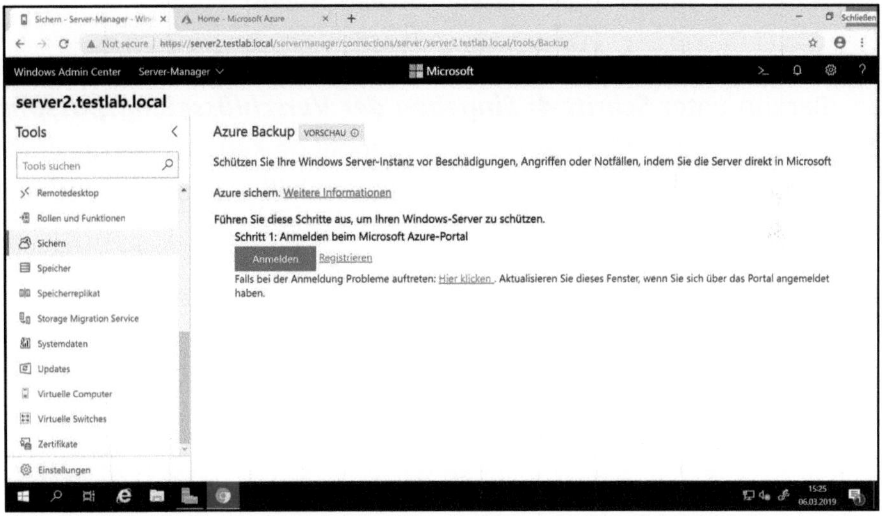

Abb. 5.20: *Anmelden im Microsoft Azure-Portal aus dem WAC*

4. Legen Sie die gewünschten *Einstellungen*, wie zum Beispiel den *Sicherungsstandort*, die zu sichernden *Elemente*, sowie auch den *Zeitplan* für die Sicherung des betreffenden Serversystems fest.

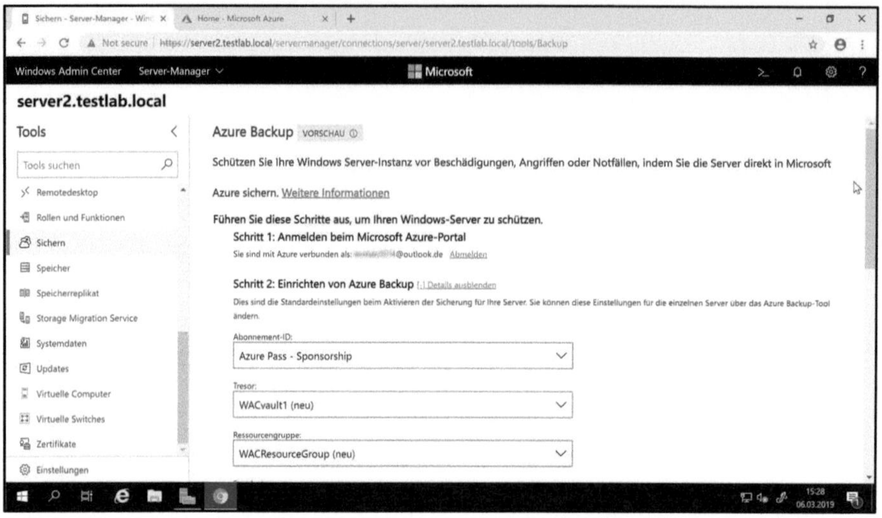

Abb. 5.21: *Konfiguration der einzelnen Sicherungsdetails für die Sicherung eines mit WAC verwalteten Serversystems*

5. Geben Sie im unteren Abschnitt des Konfigurationsfensters für Azure Backup unter ***Schritt 4: Eingeben der Verschlüsselungspassphrase*** noch das für die Sicherung zu verwendende *Kennwort* in die entsprechenden Felder ein, und klicken Sie anschließend auf **Anwenden**.

   Azure-Backup wird für den Server in der Microsoft Azure-Cloud eingerichtet. Dieser Vorgang kann einen Moment dauern.

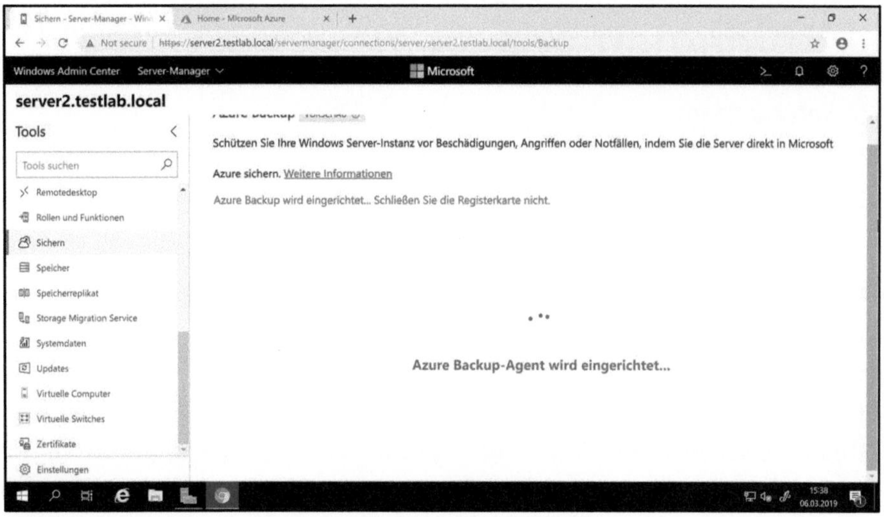

Abb. 5.22: *Einrichtung des Azure Backup-Agent*

6. Nachdem Azure-Backup erfolgreich eingerichtet wurde, wird der aktuelle *Wiederherstellungspunkt* für den Server im Windows Admin Center (WAC) im Detailfenster im Abschnitt **Sicherung** angezeigt. In diesem Dialog besteht nach einer Sicherung im Abschnitt ***Wiederherstellungspunkte*** auch die Möglichkeit der Wiederherstellung der in Azure-Backup gesicherten Daten des dafür konfigurierten Serversystems.

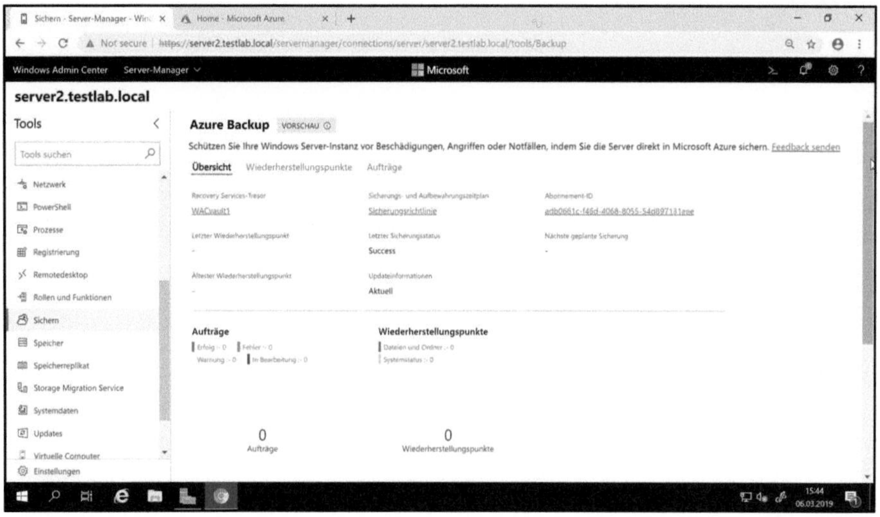

Abb. 5.23: Konfigurations- und *Verwaltungsdialog von Azure Backup für ein mit dem Windows Admin Center (WAC) verwaltetes Windows-Serversystem*

Weitere Details zu Azure-Backup entnehmen Sie bitte der Dokumentation von Microsoft Azure.

5.3 Austausch des automatisch generierten SSL-Zertifikats

Bei der Einrichtung des Windows Admin Center (WAC) wird für die Verschlüsselung der Datenübertragung vom Webbrowser zum WAC ein digitales SSL-Zertifikat (*Secure Socket Layer*-Zertifikat) benötigt. Dieses digitale Zertifikat kann noch während der Installation automatisch generiert, und dann für die Absicherung der Datenübermittlung vom Webbrowser von und zum Windows Admin Center (WAC) verwendet werden. Nachteilig wiegt hierbei sicher der Umstand, dass ein automatisch noch während der Installation des WAC generiertes, digitales Zertifikat standardmäßig über eine Laufzeit von lediglich 60 Tagen verfügt. Wenn man dieses Zertifikat in dieser Laufzeit nicht durch ein Zertifikat mit längerer Laufzeit ersetzt, so tritt nach Ablauf der 60 Tage eine Fehlermeldung beim Aufruf des Windows Admin Center (WAC) im Webbrowser auf, wonach das Zertifikat nicht mehr gültig ist.

Automatisch generiertes Zertifikat läuft nach 60 Tagen ab

Es besteht die Möglichkeit, das bei der Installation des Windows Admin Center (WAC) automatisch generierte, digitale Zertifikat durch ein anderes, digitales SSL-Zertifikat auszutauschen. Zunächst muss man das neue, digitale SSL-Zertifikat auf dem Serversystem, auf welchem das Windows Admin Center (WAC) bereitgestellt wurde, installieren. Im nächsten Schritt muss man den *„Fingerabdruck"* (engl. *Thumbprint*) des neuen SSL-Zertifikats ermitteln, da dieses für den Vorgang der Zertifikaterneuerung benötigt wird. Anschließend kann man dieses SSL-Zertifikat mithilfe der *WAC-Installationsdatei* in die Konfiguration des Windows Admin Center (WAC) einbinden.

HINWEIS! Beachten Sie, dass der Windows Admin Center-Dienst während der Änderung des digitalen Zertifikats beendet, und anschließend automatisch neu gestartet wird. Das Windows Admin Center (WAC) ist in dieser Zeit nicht erreichbar.

Schritt 1 - Ermittlung des Thumbprint des neuen SSL-Zertifikats

Zum Abrufen des *Thumbprint* (*Fingerabdruck*) des neuen, auf dem Server bereits installierten SSL-Zertifikats kann man auf dem betreffenden Server den folgenden Befehl in der Windows PowerShell verwenden:

```
Get-Childitem -Path cert:\LocalMachine\My
```

Beim Ausführen des zuvor benannten Befehls in der *Windows PowerShell* werden alle auf dem betreffenden Computer vorhandenen, digitalen Zertifikate mitsamt des jeweiligen Thumbprint aufgelistet. Dies ist in der nachfolgenden Grafik verdeutlicht.

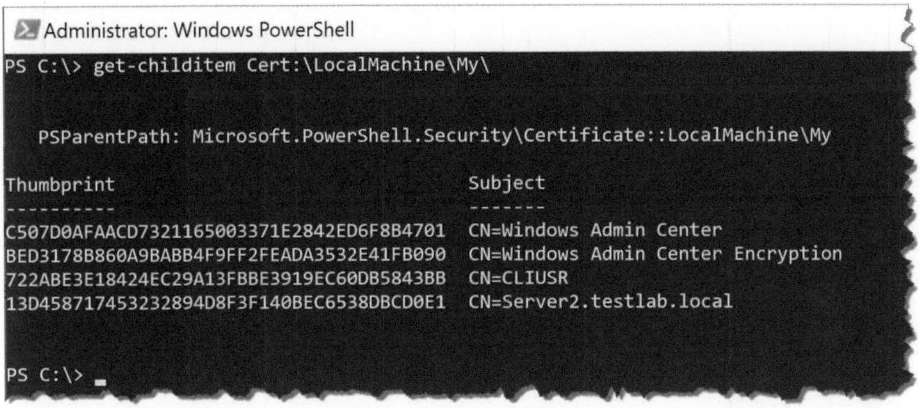

Abb. 5.24: *Anzeige der auf einem Server gespeicherten, digitalen Zertifikate in der Windows PowerShell*

Markieren Sie den *Thumbprint* des neuen SSL-Zertifikats (hier am Beispiel der *Abb. 5.24*: **13D458717453232894D8F3F140BEC6538DBCD0E1**) mit der Maus, und kopieren Sie diesen einfach mittels der Tastenkombination **Strg + C** in den Zwischenspeicher des betreffenden Computersystems.

Dieser *Thumbprint* wird im nächsten Schritt für den Austausch des digitalen Zertifikats in der Konfiguration des bereits installierten Windows Admin Center (WAC) benötigt.

Schritt 2 - Ersetzen des vorhandenen SSL-Zertifikat des WAC

Gehen Sie nach der Ermittlung des Thumbprint des neuen SSL-Zertifikats wie folgt vor, um das zuvor automatisch generierte SSL-Zertifikat in der Konfiguration des bereits installierten Windows Admin Center (WAC) zu ersetzen:

1. Starten Sie die Installation des Windows Admin Center (WAC) mithilfe der ursprünglichen Installationsdatei (beispielsweise ***`WindowsAdminCenter1809.51.msi`***).

2. Klicken Sie im *Willkommensbildschirm des Setup-Assistenten* des WAC auf **Weiter**.

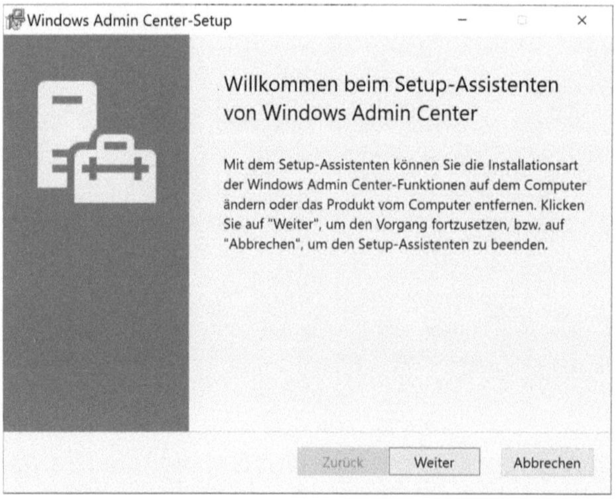

Abb. 5.25: *Willkommensdialog des Setup-Assistenten des Windows Admin Center (WAC)*

3. Klicken Sie im Dialogfenster zum *Ändern, Reparieren oder Entfernen der Installation* auf **Ändern**.

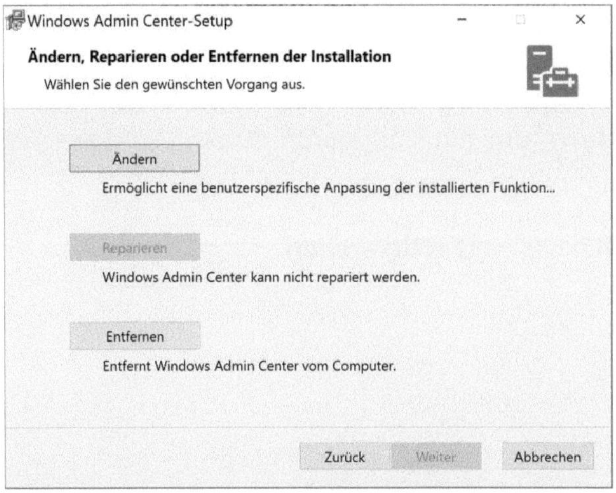

Abb. 5.26: *Möglichkeit zum Ändern, Reparieren oder auch Entfernen des Windows Admin Center (WAC)*

4. Markieren Sie im Dialog *Windows Admin Center installieren* im Feld *Geben Sie den Fingerabdruck für das SSL-Gatewayzertifikat an:* den darin abgebildeten *Thumbprint*-Wert des zu ersetzenden, digitalten Zertifikats, und überschreiben Sie diesen durch das Einfügen des zuvor in den Zwischenspeicher kopierten *Thumbprint*-Wert des neuen, digitalen Zertifikats durch die Tastenkombination `Strg + V`.

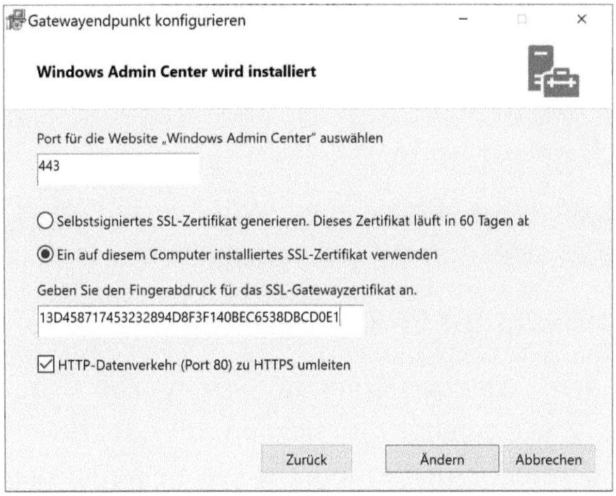

Abb. 5.27: *Austausch des automatisch generierten SSL-Zertifikats durch die Eingabe des Thumbprint des neuen SSL-Zertifikats*

5. Klicken Sie auf **Ändern**, um die Konfiguration des Windows Admin Center (WAC) auf den neuen *Thumbprint*-Wert zu ändern.

6. Klicken Sie zum Abschluss auf **Fertig stellen**.

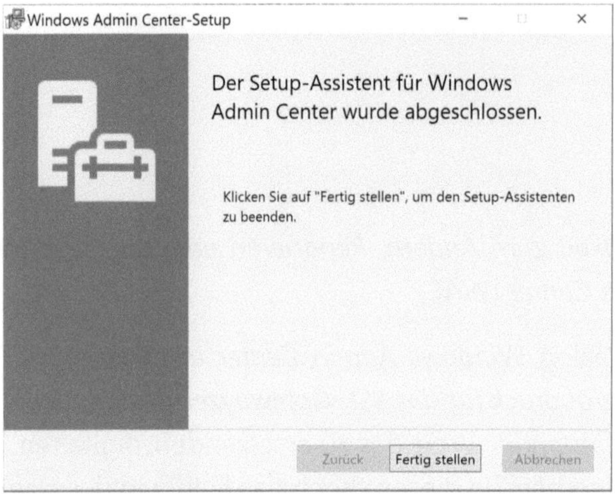

Abb. 5.28 *Abschluss der Konfigrationsänderung des Windows Admin Center (WAC)*

Das neue, digitale SSL-Zertifikat wird gleich beim nächsten Aufruf des Windows Admin Center (WAC) mithilfe des Webbrowsers verwendet.

5.4 Problembehandlung für WAC

Schon in der Zeit als das Windows Admin Center (WAC) noch „Projekt Honolulu" hieß, wurden verschiedene, damit verbundene Probleme bekannt.

5.4.1 Standardtools-Auswahl zur Problemermittlung

Natürlich stehen auf dem Windows-Computersystem, auf dem das Windows Admin Center (WAC) bereitgestellt werden soll, oder bereits installiert wurde, die „*Standardtools*" für die mögliche Fehlereingrenzung zur Verfügung. Zu diesen Tools zählt man beispielsweise ganz „klassisch" die

Ereignisanzeige, in der man in den darin enthaltenen Log-Dateien die Ausschau nach möglichen Warnungen oder auch Fehlern im Zusammenhang mit dem Windows Admin Center (WAC) halten kann. Die Ereignisanzeige ist nicht nur auf Windows-Serversystemen sondern auch unter Windows 10-Clientcomputern verfügbar. Details hierzu findet man in der Windows-Hilfe.

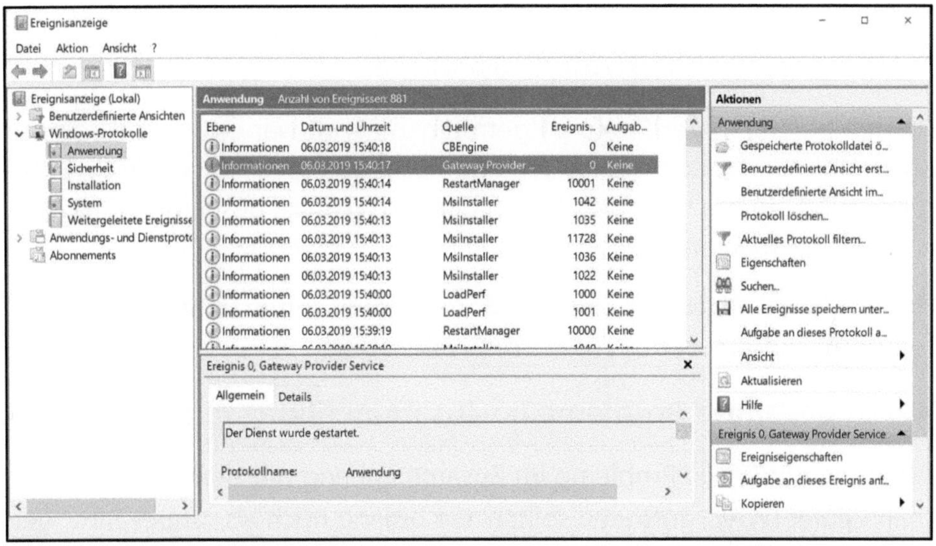

Abb. 5.29: *Ereignisanzeigeneinträge rund um das Windows Admin Center Gateway im Anwendungsprotokoll unter Windows Server 2019*

HINWEIS! Die Protokollierung von Ereignissen, wie auch möglicher Fehler rund um das Windows Admin Center (WAC) werden in den nächsten Seiten noch behandelt.

5.4.2 Bekannte Probleme im Zusammenhang mit dem WAC

Microsoft hat die bereits bekannten Probleme in der Dokumentation rund um das Windows Admin Center (WAC) im Internet auf der Produktwebseite zusammengefasst und ausführlich beschrieben. Es lohnt sich unbedingt, beim Auftreten von Problemen im Zusammenhang mit dem Windows Admin Center (WAC) zunächst in diesen Veröffentlichungen nachzuschauen.

PRAXISTIPP! Beim Auftreten von Fehlern in Verbindung mit dem Windows Admin Center (WAC) sollte man zunächst in der Produktseite von Microsoft im Internet prüfen, ob dort bereits die notwendigen Schritte zum Beheben des Problems aufgeführt sind.

Details hierzu kann man der Webseite von Microsoft rund um das Windows Admin Center (WAC) im Internet entnehmen unter:

https://docs.microsoft.com/de-de/windows-server/manage/windows-admin-center/use/known-issues

In den bislang in der Praxis aufgetretenen Fällen war es anhand von dokumentierten Problemstellungen und -lösungen oft schon möglich, Probleme rund um das Windows Admin Center (WAC) zu beseitigen. Die Webseite findet man im Internet unter:

https://docs.microsoft.com/de-de/windows-server/manage/windows-admin-center/use/troubleshooting

5.4.3 Unbekannte Probleme im Zusammenhang mit dem WAC

Meldung direkt an Microsoft möglich

Wenn in der Praxis Probleme im Zusammenhang mit dem Windows Admin Center (WAC) auftreten sollten, die bislang noch als „unbekannt" gelten, so ist man auch hier nicht völlig auf sich alleine gestellt. Microsoft bietet an, unbekannte Fehler und Beschreibungen auf einer dafür vorbereiteten Webseite an Microsoft zu übermltteln. Diese Problemmeldungen werden dann ausgewertet, und - soweit möglich - auch behoben.

PRAXISTIPP! Meldungen zu den bislang noch unbekannten Problemen rund um das Windows Admin Center (WAC) kann man im Internet unter der folgenden Webseite direkt an Microsoft melden:

https://windowsserver.uservoice.com/forums/295071/category/319162?query=%5BBug%5D

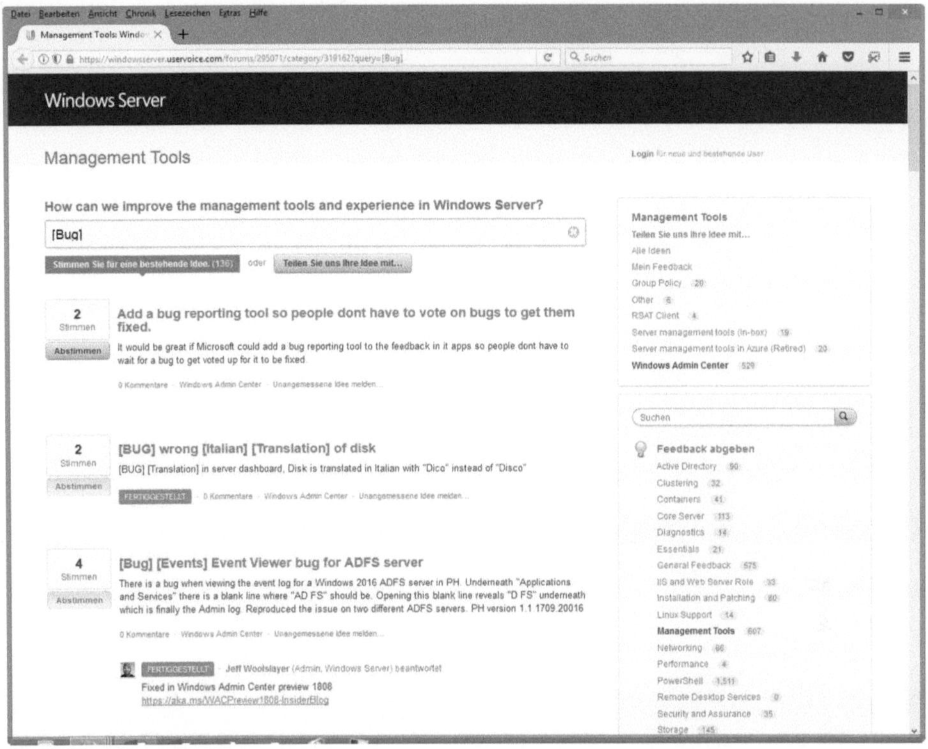

Abb. 5.30: *Webseite zum Melden unbekannter Probleme - auch im Zusammenhang mit dem Windows Admin Center (WAC)*

5.5 Protokollierung im Windows Admin Center (WAC)

Das Windows Admin Center (WAC) protokolliert standardmäßig verschiedene Vorgänge, die im Zusammenhang mit der Ausführung sowie auch der Verwaltung von Ressourcen auf dem betreffenden, für die Verwaltung verwendeten Computersystem auftreten. Dies umfasst mitunter auch mögliche Fehler, die im Zusammenhang mit dem Windows Admin Center (WAC) selbst, sowie auch den damit verwalteten Computersystemen auftreten - ist jedoch nicht grundsätzlich nur darauf beschränkt.

Protokollierung ist bereits voreingestellt

Im Windows Admin Center (WAC) findet sich zum Festlegen des *Protokollierungsumfangs* die Möglichkeit der Konfiguration unter den ***Einstellungen***, und dann unter ***Erweitert***. Standardmäßig ist dies eingestellt auf *„3 - Warning"*.

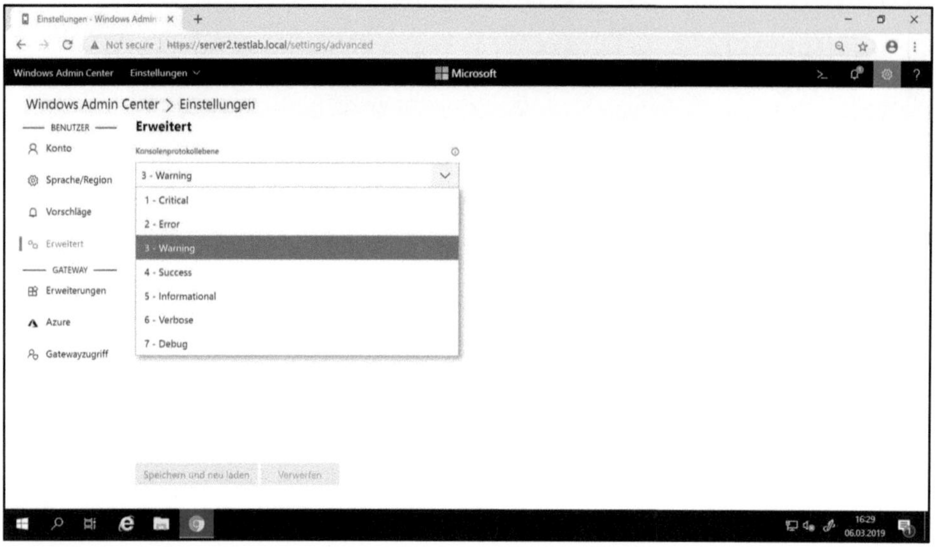

Abb. 5.31: *Einstellbare Konsolenprotokollebene im Windows Admin Center (WAC)*

PRAXISTIPP! Auch wenn die komplette Dokumentation von Microsoft rund um das Windows Admin Center (WAC) leider keine Details zu der Protokollierungstiefe bietet, so wird bei näherer Betrachtung der einzelnen Protokollierungsebenen eines jedoch deutlich:

Desto höher die Protokollierungsebene unter den Einstellungen im Windows Admin Center (WAC) eingestellt wird, desto umfangreicher protokolliert das Computersystem die im Windows Admin Center aufgetretenen Ereignisse. Die Protokollierung erfolgt hierbei direkt in die Windows Ereignisprotokolle.

Ereignisprotokolle speziell für das WAC

Die aufgetretenen Ereignisse protokolliert das Windows Admin Center (WAC) auf dem betreffenden Computersystem in Ereignisprotokollen. Speziell für die Windows Admin Center-Konsole existiert hierzu beispielsweise das Protokoll mit der Bezeichnung ***Microsoft-ServerManagement-Experience***. Nach der Aktivierung von zum Beispiel der Azure-Backup-Unterstützung im Windows Admin Center Gateway wird auch für Vorgänge, die in diesem Zusammenhang stehen, ein eigenes Ereignisanzeigenprotokoll mit der Bezeichnung *CloudBackup* generiert. Darin sammelt der betreffende Computer dann die im Zusammenhang mit dem Azure-Backup aufgetretenen Ereignisse.

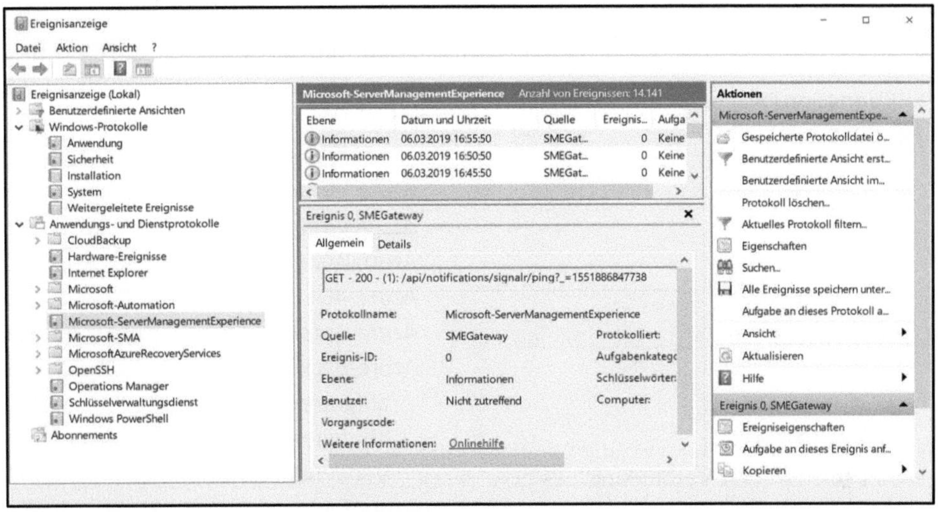

Abb. 5.32: *Ereignisprotokolleinträge rund um das Windows Admin Center*

In diesem Kapitel wurden Ihnen die Möglichkeiten zur Wartung, Protokollierung und Fehlerbehebung aufgezeigt. Nach den Informationen zur Installation, sowie den Details zum Verwenden des Windows Admin Center (WAC) für die Verwaltung von Computersystemen und beispielsweise auch Failovercluster steht dem praktischen Einsatz der neuen, webbasierten Verwaltungskonsole somit nichts mehr entgegen.

Stichwortverzeichnis

C

D

E

F

R

S

T

U

Z

4. Auflage

der bereits seit Jahren erfolgreichen - und unter **Addison-Wesley** begonnenen Buchserie!

Fachbuch

Windows Server 2016 - Der schnelle Einstieg

Windows Server 2016 wurde für den praktischen Einsatz in modernen Computernetzwerken entwickelt. Damit Sie sich umgehend mit dem neuen Betriebssystem vertraut machen können, finden Sie in diesem Buch einen kompakten Überblick zu den wichtigsten, in Windows Server 2016 enthaltenen Rollen und Features einschließlich der praxisrelevanten Neuerungen und Verbesserungen. Neben der Installation des Betriebssystems erhalten Sie zudem einen leichten Einstieg in Themen wie die Active Directory-Domänendienste, die Virtualisierung mit Hyper-V, die Datei- und Speicherdienste oder auch die neue Windows PowerShell 5.1. Auch der Einsatz von Windows Server 2016 als Server Core, sowie auch als Nano-Server kommt nicht zu kurz. Zudem wird das neue Windows Admin Center (WAC) als zentrale Konsole für die Verwaltung selbst hybrider Serverfarmen vorgestellt.

Seitenumfang: **624 Seiten**
Autor: **Carlo Westbrook**
Verlag: **CertPro-PRESS** (erschienen 08.10.2018)
ISBN: **978-3-9447-4915-0**
Preis: **34,90 Euro** (inkl. MwSt.) (auch als E-Book erhältlich)